「好き」を「仕事」に変える SNS マーケティング

ファンが増える

インスタ
の
教科書

株式会社TAKUMU代表取締役

金山拓夢

SOGO HOREI Publishing Co., Ltd

SNSで誰でも起業できる時代へ

　皆さんは起業についてどのような印象をお持ちでしょうか。
「リスクが大きい」「失敗したら借金を抱えることになる」などの不安
要素が強く、挑戦してみたいと思っても怖くてできないと考えてしまう
方が多いのではないでしょうか。

　起業などの大きな挑戦をするときにはどうしてもリスクが目立ちます
が、僕は大学1年生のときにSNSを活用することによって起業に成功
しました。
　SNSは、皆さんご存知のように誰でも無料でアカウントを作ること
ができます。そのうえ、やり方が分からなくてもノウハウをYouTube
やネット上などさまざまな場所から学ぶことができます。今や物販やコ
ンサルティングをはじめ、多くのビジネスがSNSで起業できます。**店
舗やオフィスを構える必要もなく、非常にローリスクな起業を実現する
ことができます。**

　リスクが少ないということは、それだけ起業しやすいということです。
SNSを使った集客は誰もができる時代なので、起業に興味がある方は、
まずはSNSのアカウントを作るところから始めてみてはいかがでしょ
うか。

今以上にSNSでの発信が大事になる

　起業しやすいとはいえ、本当の意味で成功するためには真剣に取り組まなければいけません。SNSの事業に限らず、**目標を達成させたいときや成功を勝ち取りたいときは、優先順位を明確にする必要があります。**

　例えば、将来プロ野球選手になりたいという目標があるのであれば、今優先すべきことは友達と飲みに行くことなのか、それとも素振りをすることなのか、優先順位を考えて行動することができるはずです。

　試験の前日や受験の時期などに、徹夜で勉強をする人は多いと思いますが、人生という長いスパンにおいて成し遂げたいことがあるのなら、今、何を一番に優先して取り組むべきなのか明確にしなければいけません。

　「SNSは若い人がやるもの」というイメージがあると思いますが、これから先はSNSに慣れ親しんだ世代が年齢を重ね、次第に社会の中心で活躍していくようになります。そのため、今よりもSNSを使う文化が主流になっていくことは間違いありません。**これから先の未来はさらにSNSで発信していくことが大事になってきます。**

「好きなこと」を生かして、好きなように「仕事」をしよう

　僕は大学在学中の2021年1月に独立し、Web制作事業とSNSコンサルティング事業を開始しました。事業開始半年間で2,000万円のマネタイズに成功し、直近8カ月間で累計1億2,000万円の収益化に成功しました。クライアント数は350を超え、2022年6月に1社目、2023年2月に2社目の株式会社を設立しました。

現在は「SNSで好きなことを仕事に」というコンセプトのもと、主にInstagramを使用して、自分の強みとSNS集客スキルを掛け合わせてマネタイズする、SNSマーケティングのコンサルティング事業を行っています。

僕が学生のうちに起業したのは、もちろんなりたい自分の理想像に近づくためでもあったのですが、「こうなりたくない」という気持ちのほうが強かったからです。

もともと会社員になるつもりで生きてきましたが、父をはじめ、周りの会社員の多くは毎日忙しそうにしていて、会社や同僚の不満をこぼしている姿が目立ったのです。その様子を見たときに、本来自分がやりたいことができているのであれば、会社と同僚に対する不満をこぼすヒマもないのではないかと考えました。

本当に自分がやりたいことをやっている人は、自分のことに没頭しているため周囲に振り回されることもなく、常に自分がどうありたいかを考え続ける人生を送るのではないかと思うようになったのです。

これらの理由から、仕事をするなら好きなことを仕事にするべきだと考えました。

好きなことを仕事にしている人は早く成功する

何より、好きなことを仕事にしている人は、義務感で仕事に取り組んでいる人よりも結果を出すスピードが早いです。
また、「どうすればもっとうまくいくのか」を常に考える柔軟さがあるため、クリエイティブな仕事をすることができます。そのため、**好き**

なことを仕事にしている人は、早く成功するというのが僕の持論です。

「小学校のときに夢中になっていたことは何ですか？」と聞かれたら、僕は毎日鬼ごっこをやっていましたし、サッカーやおままごとなど、それぞれハマっていたものがあると思います。それらの夢中になっていたことに対して、「続けるのは大変だけど、今日も鬼ごっこを頑張らなくては」と気負っていた人はいないはずです。

　仕事柄、「どうやって仕事のモチベーションを上げていますか？」と聞かれることがありますが、それは自分にとって楽しくないことをやっているから出てくる疑問ではないでしょうか。**好きなことに取り組んでいれば、継続することは苦ではないですし、モチベーションの有無も関係ありません。**
　どうやって成功するか、それを実現するためにワクワク考えながら毎日仕事ができる人生を送りたいので、**同じように好きなことを仕事にできる人が増えたらいいなと思っています。**

ライバルが多い＝需要がある

　好きなことを活かして仕事をするとはいえ、自分の「強み」や「好きなこと」がそのまま商品になるとも限りません。自分の強みや好きなことでマネタイズするには、ニーズがある市場に参入していかなくてはならないからです。
　自分の「できること」と「やりたいこと」をどのように掛け合わせるのかは難しいところではありますが、SNS ではビジネスの内容も発信方法も自分の好きなようにアレンジすることができます。

　いざ起業しようと思ったとき、自分の「好きなこと」の市場は既に飽

和状態で、ライバルが多いということも考えられます。そうなると**今更参入しても勝てないと諦めてしまったり、自分がやらなくてもいいのではないかと思ってしまったりすることもあります。**

　しかし、ライバルが多い＝需要があるという考え方もできます。そこで諦めるのは自分からチャンスを手放すことと同じです。

　既にでき上がっている市場に参入することは難しいことではありません。むしろSNSで出回っていない分野の話をゼロから発信するとなると、どういった投稿をすれば数字が伸びるのか、反応があるのかわからないため、結果が出るまでに時間がかかります。

　ある程度市場ができ上がっていて、既に結果を残している人がいる分野での発信であれば、どのような投稿が伸びているのかわかるため参考にすることができます。市場を1人で独占できるということはありえないので、ライバルが多い分野のほうがビジネスとしては始めやすいのです。

SNSでは「自分」を見せた人が勝つ

　従来のビジネスでは実績やコンセプトなどで差別化を図るしかありませんでしたが、SNSでは一人一人の性格やパーソナリティ、どんな思いで起業をしたのかといった、その人ならではの魅力を強みとして活かすことができます。

　「既に結果を残している人とどのように差別化を図るのか」と考えることももちろん大切ですが、**「どうすれば自分の魅力が伝わるか」を突き詰めて発信していくと、いつの間にか自分のブランドを確立できているものです。**

まずは一歩目を踏み出してみる

多くの人は新しいことへの挑戦を始める前に、「結局失敗するんじゃないか」「うまくいかなかったらどうしようか」と不安な気持ちでいっぱいになってしまいます。

新しいことを始めてみたいのであれば、まずはやってみてから考えましょう。形や結果にはこだわらず、まずは最初のアクションを起こしてみることが何よりも大切です。何事も最初からうまくいくということはありません。

本書では、SNS メインのビジネスをやっていない人でも、これから本格的に SNS を使っていきたいという人でも、必ず役に立つ考え方やノウハウをご紹介しています。

知らないことを知ろうとすること、時代の流れについていこうとすることは、それだけで大きな価値があります。

この本を読み終えるころには、皆さんが一歩前に踏み出していればうれしく思います。

2023 年 4 月　金山拓夢

目次

第1章 SNSマーケティングは「正攻法」が「成功法」

第2章 集客の最強ツールはInstagram

第**3**章

コアファンを 増やす心理術

第**4**章

ファンが増える コンセプト作り

第5章 目の前のお客様に届ける「インスタライブ」

装丁：別府拓（Q.design）
本文デザイン：木村勉
DTP：横内俊彦
校正：池田研一

第 **1** 章

SNSマーケティングは
「正攻法」が「成功法」

「マーケティング」の本質を理解しよう

　SNS でビジネスを始めようと思ったら、マーケティングの本質を理解する必要があります。**マーケティングとは、魅力的でありながら世間に認知されていない、売れていないものを知ってもらえるよう人に届けることです。**

SNS マーケティングは 5 つのステップに分けることができる

　具体的な考え方として、**SNS マーケティングを「ファン化」「集客」「教育」「販売」「リピート」の 5 つのステップに分けてみます。**

　一般的なビジネスでは、商品に関心がある人に対して価値や魅力を伝えて、その商品の存在に気づいてもらうことからマーケティングが始まります。したがって、最初に「教育」するというのが王道のセオリーです。

　しかし、Instagram などの SNS マーケティングにおいては、「ファン化」「集客」「教育」「販売」「リピート」の流れを遂行することがマーケティングの本質となります。それぞれ何を意味するのか解説していきます。

① ファン化
　まずは「ファン化」です。SNS マーケティングでは、商品を買ってくれるのはフォロワーではなく自分のファンとなってくれた人です。そのため、**ファンとなってもらい、自分のコミュニティに参加してもらうこ**

とは、集客をする前にやらなければなりません。

　SNS マーケティングを本格的に始めたい人はもちろん、今はそのつもりがない人でも、日頃から自分の「ファン」をつけることを意識して発信をしましょう。今後 SNS を使ってビジネスを始めようと思ったときに、ファンがいる状態でスタートできると、商品や価格の差別化などの負担が減るため、セールスが非常に楽になります。自分自身の魅力が、お客様に対する何よりのセールスポイントとなるのです。

ファンの定義

　僕の中でのファンの定義というのは、**自分に対して何かアクションを起こしてくれる**人を指します。

　例えば、好きなアーティストがいればコンサートに足を運ぶように、**インスタライブを見にきてくれたり、投稿にコメントやいいねをくれたり、スタンプを送ってくれたりする人は大切なファン**です。このように考えると、程度の差があっても誰にでもファンがいるため、ファンをつけるのは難しいことではありません。

　フォロワー数が少ないと認知度が低いのではないかと思ってしまいますが、**フォロワー数と認知度は関係ありません**。ただ単にフォロワーが多いというだけではあまり意味がなく、**たとえフォロワーが少なくても、世の中で数人でも自分の投稿を見たいと思ってくれる人がいれば、立派にファンがついているといえます**。

　では、認知が広まったら全員がファンになってくれるかというと、そうではありません。**認知度があることとファンがいることを一緒に考えるべきではない**、というのが僕の考えです。

　集客に悩んでいる人は、自分に認知度がないことを気にしてしまうかもしれませんが、認知度が高いからファンができるわけではないことを

覚えておいてください。

（② 集客）

　次のステップである集客ですが、**そもそも知られていなければ選択肢にすら入らないため、「集客」は認知と同じ意味として考えることができます。**

　例えば、大阪へ旅行に行ったとして、おそらく多くの人が「ユニバーサル・スタジオ・ジャパン」や「道頓堀グリコサイン」を目的地に思い浮かべたことと思います。ここで大阪旅行の行き先として「ひらかたパーク」を選ぶ人は、相当の玄人（くろうと）です。つまり、その存在が知られていないということは、そもそも選択肢にすら入らない、ということです。

（③ 教育）

　認知を獲得して「集客」することができたら、次は「教育」の段階に移ります。**教育とは、お客様と信頼関係の構築をすることです。**「ファン化」の時点で教育は完結している場合も多いのですが、さらに関係性を深める段階として捉えてください。

　例えば、喉が渇いているときに道端で知らない人に水を渡されても、怪しいので警戒して中々飲みませんが、仲のいい友達が買ってきた水であれば、喜んですぐに飲むはずです。

　このように、ビジネスは信頼関係の上に成り立っています。「私は安全な人間ですよ」「私から商品を買うことで、アナタにはこんなメリットがありますよ」と、**自分が信頼できる人間であることを、お客様に再度共通の認識として持ってもらうことが「教育」のおもな目的です。**

　SNSの中でも、特にInstagramは人とつながりやすく親密な関係を構築しやすいため、**教育ツールとして最適です。**インスタライブやリー

ルを使いこなして、自分の話を集中して聞いてもらえる環境を作ることで、教育のステップを達成できます。

④ 販売

　ファンをつけて認知を獲得して集客としての選択肢に入り、そのうえでお客様と信頼関係を構築し、その後に「販売」する流れを作ることで、はじめて商品が売れるようになるのです。

⑤ リピート

　SNSマーケティングは、「ファン化」「集客」「教育」「販売」にもう1つ「リピート」を加えた5つのステップを繰り返すことにより、成功に近づきます。

　僕はよく、**自分の商品を買ってくれた人にリピートしてもらう、もしくは新規のお客様を呼んできてもらう方法で集客をしています。**
　この集客方法を**口コミマーケティング**といい、**自分の商品やサービスの満足度を上げることで良質な口コミが広がり、自然と新規のお客様が増えていく仕組みです。**こうして集客の自動化ができると、ビジネスサイクルがどんどん回っていきます。

　全て自分1人で新規のお客様を獲得することは労力がかかり、非常に大変です。だからこそ、口コミマーケティングを行うべきなのです。
　具体的には、Instagramでコラボライブをしたり、実績者の声を集めて投稿したり、ブランディングの強化につなげたりして、既存のお客様を巻き込んで集客していきます。
　ほかにも、「お客様を紹介してくれたら10％オフのクーポンを差し上げます」などのように、日常の中でも口コミを集めるための仕掛けを見かけることがあると思います。

口コミから新しくお客様が生まれる仕組みを構築できると、さらに
SNS マーケティングは伸びていきます。

　なお、「リピート」は「ファン化」「集客」「教育」「販売」ができてか
ら行うものであり、**集客の母数を増やすための施策**です。ゼロからイチ
を生み出す施策ではないため、まずは自分にファンをつける発信をして
いくことが大切です。

SNSマーケティングの
メリットとデメリット

　本書では、SNSを使ったビジネスのことを「SNSマーケティング」と統一してお話を進めていきます。SNSマーケティングにはたくさんのメリットがある一方で、デメリットがあることもきちんと把握しておきましょう。

SNSマーケティングのメリット

　真っ先に思い浮かぶSNSマーケティングのメリットは、**オフラインでは届かなかった顧客にリーチできる**点です。従来の実店舗や対面型のビジネスでは、遠方に住んでいる顧客は商圏（来店を見込める顧客が住んでいる範囲）に入らないのが当たり前でした。

　しかし、SNSマーケティングでは、スマートフォンとインターネットさえあれば世界中の人を対象にビジネスができるため、商圏は限りなく広がります。また、特定のオフィスや店舗も必要ないので、自分がどこにいてもビジネスを続けることができます。

　意外と知られていませんが、SNSマーケティング最大のメリットは、効率良く圧倒的に認知を獲得できる点にあります。 SNSには人とつながりやすい、拡散されやすいという特徴があるため、自分のコンテンツに興味を持ってもらえれば、広く知ってもらうことができます。

　従来の実店舗や対面型のビジネスでは、駅前でチラシを手渡ししたり、配達の範囲内にしか宣伝ができませんでした。しかし、SNSによって、今まで存在を知られていなかった人にも知ってもらうことができるよう

になりました。また、物販であろうがサービスであろうが、SNS上では
あらゆるものを販売できるのもメリットの1つです。

　長期的にビジネスを展開していくうえで、扱う商品が変わることがあ
っても、一度獲得した認知は引き続き活用することができます。ここで
も、自分自身の存在がお客様に対して何よりのセールスポイントとなる
のです。

SNSマーケティングのデメリット

　SNSマーケティングにおけるデメリットとしては、**トレンドの移り
変わりがとても早いため、対応力がないと取り残されてしまう**という点
が挙げられます。例えば、1年前と現在のInstagramのノウハウは全く
異なるため、柔軟性や対応力がない人や、一度自分のやり方を構築して
しまえばそれ以降変更する必要がないと思っている人は、ついていくこ
とが難しくなります。

　Instagramには度々新機能が追加されますが、自分には関係のないこ
ととしてスルーするのではなく、試しにすぐに取り入れてみることが大
切です。
　**Instagramに限らず、どのジャンルでも一目置かれるのは最初に始
めた人です。**活用できるかどうかわからなくても、試しに取り入れてみ
た新機能がうまくハマった場合、「トレンドを最初に作った人」という
ブランディングにつながり、その結果ビジネスにもプラスになります。

　SNSを始めることをためらっている人の中には、「トラブルに巻き込
まれるかも」「アンチが出てしまうかも」と不安に思う方も多いかもし
れません。
　しかし、先ほどお話しした**「ファン化」「集客」「教育」「販売」「リ**

ピート」のルートをきちんとたどっていけば、**自分が届けたい人だけに情報を届けることができます**。そうすれば自分の情報を必要としていない人に届くことがないため、無用なトラブルを避けることができます。

　SNS の運用をしていると、いわゆるバズっている投稿が目立ちますが、情報を発信する際には、伝えるべき人に伝わるスピード感を意識しましょう。どれだけ自分が有益だと思っている情報でも、その情報が必要な人とそうでない人がいます。長期的に SNS マーケティングを続けていこうと考えている場合は、自分に興味を持ってくれている人に情報が漏れなく伝わることを意識して発信しましょう。その結果、高い顧客の満足度を得ることができるのです。
　SNS の特徴である拡散力は、情報を求めていない人にも届いてしまうというデメリットにもなりうるのです。

自分の信用と商品の信用を高める

「ファン化」「集客」「教育」「販売」「リピート」のサイクルが構築でき、自分自身も自分の商品も安全だということがお客様に伝われば、購入につながるというお話をしました。

　自分と商品の信用を高めるには、以下の 4 つのポイントがあります。

自分と商品の信用を高めるための 4 つのポイント

　①単純接触効果
　②コミュニケーションの質
　③実績者の数
　④リスクの保証

① 単純接触効果

　単純接触効果とは、繰り返し特定の人と会うことで、相手に好意が生まれる心理効果のことです。1 度しか会ったことがない人と、100 回会ったことがある人なら、100 回会っている人のほうが圧倒的に信頼関係を築くことができます。

　例えば、高校時代のクラスメート全員の顔と名前が一致しているかと聞かれると、ハッキリと覚えている人もいれば全く思い出せない人がいるはずです。覚えている人は、友達や同じ部活など、頻繁に話をする親しい間柄の人ではないでしょうか。

　これは SNS でも同じです。**日頃から積極的にファンの方と接触する**

ことで、自分を深く印象づけることができます。

　SNS上で信頼関係を構築していくためには、**相手からコミュニケーションを取ってもらえるように誘導するのも1つの手です。**配信の際にスタンプを送ってもらったり、質問をしてみたり、コメントやDMにきちんと対応をしたりするなど、実際に商品を売る前に、こういった接触の機会を何回確保できるかが大切になります。

② コミュニケーションの質

　接触の機会を確保するとともに、コミュニケーションの質を上げることも大切です。**薄っぺらいあいさつだけをしていても仲良くなることはないため、**自分の内面を明かしていかなければなりません。そのためには、パーソナルスペースに入り込むような配信をする工夫が必要です。

　例えば、LINEの配信はただ長文でセールスのメッセージを送るだけではなく、自分が今日何を食べてどこへ行ったのか、今どんな思いで仕事をしているのか伝えてみるなど、自己開示をすることも重要です。

　また、インスタライブでつらかったことなどを赤裸々に語ることで、聞いてくれた人は自分の人生と重ねて共感してくれます。

③ 実績者の数

　商品の信用を獲得するために必要なことは、「実績者の数」と「リスクを保証すること」です。この商品を買ったことで**どれくらいの人が実績を出したのか、どれくらいの人に効果があったのかを示しましょう。**

　具体的な数値で示せると、より信頼度が増します。実績者の声をアピールするときは、お客様が商品の購入やサービスを受ける前の具体的な生活スタイルや心境を詳細に表します。そのうえで、生活スタイルと心境がそれぞれどのように変化したのか示します。このように実績者の声を丁寧にアピールすることで、自然と信頼されるようになります。

④ リスクの保証

　実績者の数に加えて、「この商品を買ってみて万が一効果がなかった場合、返金します」「無償でもう1年コンサルティングします」といった具合にリスクを保証してあげると、「やってみようかな」という人が増え、商品の信用が高まります。

　人は、リスクを恐れる生き物です。リスクが極限まで下げられた選択肢を目にしたとき、目の前のハードルは一気に下がり、高確率で行動を起こしてくれるのです。

　このように、**実績とリスクの保証の両方が備わっていることで、はじめてお客様に「この人から買ってみようかな」と思ってもらえます。**

　単純接触回数、コミュニケーションの質、実績者の数、リスクの保証の4点をおさえることで、自分自身と商品の信用を高め、お客様との信頼関係を構築しやすくなります。

最小限のトライ＆エラーで
成功をつかめ！

　僕は今までに数々のトライ＆エラーを繰り返してきました。しかし、本書をお読みいただいている皆さんは僕が失敗してきたような道をたどる必要はないので、できるだけ最短期間で成功してほしいと思っています。

正攻法こそ成功法

　これまでに先人たちは、ありとあらゆる失敗を繰り返してきました。SNS の発信でも、「こういう発信の仕方は伸びないだろうな」という先人たちの失敗を事前にわかっていれば、同じような投稿をする失敗を避けることができます。

　わざわざ伸びていない投稿を「私の力で伸ばしてやる！」と変な気概を持ったところで、何の意味もありません。**失敗を熟知し、正攻法で攻めることが一番の成功法なのです。**

　まずは、他人の失敗を分析することが大切です。他人の失敗を分析するためには、ユーザーからのコメント数が少ない、あるいはリアクションがイマイチな投稿を見たときに、その投稿の**うまくいっていないところを研究する目を持つことが大切**です。

　ただし、ここでの注意が必要なポイントとしては、**単に数字を見ただけで失敗だと判断しないこと**です。数字としては大きな反響がなかったとしても、ユーザーの反応やコメントの内容によっては、特定の 1 人に強く刺さっていることもあり得ます。数字ばかりを意識するあまり、個人の感情を無視した投稿にならないよう気をつけましょう。

一番の失敗は「失敗を失敗だと気づかないこと」

　ちなみに僕の一番の失敗は、**「失敗を失敗だと思っていなかったこと」です**。間違ったやり方をしているのに、自分が失敗しているとは思わなかったことが最大の失敗です。こうした失敗はSNSに起こりやすいので、同じミスをしないように皆さんも気をつけてください。

　僕は2019年10月、大学1年生のときからTwitterの運用を始め、当時行っていたホームページ制作の案件を獲得するために、毎日コツコツと運用を進めていました。

　しかし、これは全て独学での話です。見よう見まねで伸びているツイートを真似してツイートしてみたり、今のやり方が合っていると決めつけて、そのまま運用を続けていました。
「たとえ今すぐに結果が出なくても、継続さえしていればそのうち伸びるだろう」と、そう思っていました。そのまま1年がすぎましたが、結果的に僕のフォロワーは1年間で120人しか増えませんでした。

　原因は明らかです。
　最初から正しい進め方を研究せず、とりあえず継続することしか頭にない状態で、間違った運用方法をずっと続けていたからです。

　その後、Twitter運用を専門的に行っているコンサルタントに出会い、ようやく自分の運用方法が間違っていることに気がつき、どこをどう修正すればうまくいくのか、そこではじめて理解しました。

　もし今SNSの運用方法で伸び悩んでいる場合は、正しい運用方法で結果を残している人に相談してみるのも、1つの方法です。

なぜSNSで失敗するのか

　今、実際にSNSで商品を売っているけれどあまり売れていない人や、いまいち成功している実感がない人は、何が原因でうまくいっていないと思いますか？　ここでは、SNSマーケティングで失敗してしまう原因とその解決策をご紹介します。

商品ではなく伝え方を見直そう

　SNSマーケティングで失敗してしまう原因として、SNSでの商品や自分の強みの見せ方がわからないこと、どのようにしたら魅力が相手に伝わるのかわかっていないことが挙げられます。

　つまり、**お客様目線の投稿ができていないため、自分の商品をSNSで売ることができていない**のです。このような場合には、**商品の見直しではなく伝え方の見直しが優先**となります。

　伝え方で意識しなければいけないのは、実績者の感想や口コミ、サービスの満足度など「生の声」を届けることです。口コミというのは、例えば物販や体験サービスなどでは、**技術の良し悪しや相手が求めているものを提供できているか**ということに焦点が当てられます。

　一方、コーチングやコンサルティングなど対人の仕事であれば、**どんな成果が出たか、どれだけ結果を残してきたか**という実績をみて人が集まってくるものです。

　誰が見てもわかりやすい商品の見せ方を心掛けるのはもちろん大事で

すが、自分で発信方法を工夫するだけでは限界があります。自分の商品の口コミを集めやすい仕組みを作っていくことで、アカウントが成長し、ビジネスとしても拡大させることができます。

　ただのノウハウ提供アカウントにならないためにも、商品が売れたら必ず実績者の声をもらうようにして商品やサービスの質を改善しましょう。また、口コミをどんどん投稿してもらうことで、自分自身のブランディング強化につなげていくことができます。

失敗しているアカウントの最大の特徴

　失敗しているアカウントの最大の特徴は、**アナタがその発信をしなければならない理由が明確ではない**ということです。次の2つの例文のように、「誰が」「何を」発信するのか、その強みを自分で理解できないと、発信内容に説得力を持たせることはできません。

- 飲食店を20店経営している一流シェフが教える、お客様が途絶えないメニューの作り方
- クライアント数200名超え、受講者の売上400％アップのコンサルタントが教えるSNS集客術

　このように、発信をするうえでの説得力がSNSでは何よりも大事な要素なわけです。

　ほかにも注意すべきポイントはいくつかありますが、「伝え方の見直し」「自分がその情報を発信しなければならない理由」を押さえておくだけでも、SNSでの失敗を減らすことができます。

初心者が陥りやすい
失敗あるある

　僕は各種 SNS のフォロワーや SNS マーケティングスクールの受講生から、SNS 投稿に関するさまざまな相談を受けます。特に SNS 初心者の方からは多くの質問をいただくのですが、その内容には共通点があることに気がつきました。ここでは、初心者が陥りやすい SNS マーケティングの「失敗あるある」をご紹介します。

失敗あるある①　発信するだけで満足している

　SNS を始めたばかりで、発信すること自体がゴールになってしまい、「とりあえず発信しておこう」というところで思考が止まっている人が多くいます。

　SNS の投稿においては、次の 2 つのポイントを意識しましょう。

　①この投稿内容でユーザーは指を止めて見てくれるか
　②この写真や動画を見たら、ユーザーはどんな感情を抱くか

　写真であっても動画であっても、**投稿を目にしたユーザーがどんな印象を持つのか**ということを常に考えて投稿内容を作成しましょう。これは、Instagram だけでなく全ての SNS マーケティングにおいて共通する考え方です。

失敗あるある② 自分への期待値が高い

自分に対しての期待値が高い人ほど、失敗する傾向にあります。SNS を開始してすぐに結果が出ると思ってしまうため、結果が出なかったときに落ち込んで伸び悩んでしまうのです。

SNS に限った話ではありませんが、**「これだけやったら絶対に結果が出ます」という保証はないので、ひたむきに取り組むしかありません。**「今日は 10 回投稿をしたから大丈夫だろう」などと、投稿数に期待を寄せてはいけません。日々投稿を繰り返すことによって、「反応が薄い」「本来のターゲットに発信が届いていない」などの課題が浮き彫りになるため、それらの課題を 1 つずつクリアしていく継続力が大切になります。

失敗あるある③ 投稿内容にオリジナリティがない

SNS を始めたばかりの人は、**何を投稿していいかわからず、他人と同じようなコンテンツを出してしまう**という問題があります。

Instagram の場合、ほかの人の伸びている投稿と同じ内容、同じ構成で投稿すれば、同じように数字が伸びていくことは確かなのですが、**オリジナリティがない投稿は数字の割に自分を安売りしている感じが出てしまいます。**そうなると、「この人は投稿内容を自分で考えていないんだな」とフォロワーに伝わってしまい、ネガティブな印象を持たれることになります。

Instagram は SNS の中でもコミュニケーションを取る手段が豊富な

ツールです。ほかの SNS をみてみると、Twitter は文字がメイン、You-
Tube は動画がメインで、そのほかの機能は補足的な扱いに留まってい
ます。

　しかし、Instagram は動画と写真でアプローチできるのはもちろん、
ライブやフィード投稿でノウハウを伝えられ、ストーリーズやリールで
世界中の人にリーチ（投稿を見てもらうこと）ができるほか、DM（ダ
イレクト・メッセージ）でフォロワーと積極的にメッセージの交換がで
きます。

　人とつながりやすい機能が豊富な Instagram は、自分の感情を伝えや
すい場所だといえます。**自分を表現しやすい場所であるからこそ、他人
のコンテンツをそのままマネするのではなく、オリジナリティのある投
稿を心掛ける必要があります。**

「誰かに見てもらおう」「人と積極的に交流しよう」という主体性がな
い人の投稿は伸びづらいものです。楽しんで投稿していない人は、その
エネルギーの弱さがフォロワーに伝わってしまいます。

　数字を伸ばすためにアルゴリズムを分析し、「こういうリールでは伸
びないから投稿内容を変えてみよう」と工夫を凝らすことは大切ですが、
その結果、**自分の考えを抑えて発信をしている人が多くいます。** しかし、
再生回数などは伸びなくてもいいから、必要な人に伝わる発信をして、
届けたい人にきちんと届くよう、自分で考えた発信をしていくべきなの
です。

　**ビジネスといえど、Instagram において大切なのは人と人とのつなが
り**です。好感を持ってもらうことができれば、フォロワーが少なくても
商品を売ることができるのです。

※１　ライブ：Instagram のストーリー機能の１つとして、ライブ配信をすることができる。
　　　通称インスタライブ。
※２　フィード投稿：Instagram の基本的な投稿方法。画像や動画にテキストを加えて投稿す
　　　ることで、アカウントの上部やフォロワーのタイムライン上に表示される。

SNSマーケティングは「正攻法」が「成功法」

31

失敗あるある④ 人のマネをするのではなく「参考にする」

　大切なことは、人のマネをするだけで終わるのではなく、伸びている投稿やアカウントの分析をすることです。「なぜこのコンテンツは伸びているのか」を分析することで、どの部分がフォロワーに刺さっているのか、ターゲットはどのあたりに絞っているのかなど、伸びている投稿の仕組みが見えてきます。

　自分なりの分析結果を踏まえたうえで、自分ならどのような投稿をするのか考えることができれば、ユーザーからの反応が増え、次第にアカウントが成長していきます。Instagram で大切なことは、**どれだけ自分の価値観を入れ込むことができるか**です。

※3　ストーリーズ：投稿から 24 時間で自動的に消える投稿。画像または短時間の動画を編集して投稿することができる。
※4　リール：最大 90 秒のショートムービーが作成、編集、投稿できる機能。スマートフォンの画面いっぱいに動画が表示され、スクロールすると次の動画が再生される。

第2章

集客の最強ツールは

Instagram

各SNSの特徴

　日本で知名度が高いSNSの中でも、Twitter、YouTube、Instagramは1つのグループとして扱う必要があります。また、LINEは別のグループとして扱うべきだと考えます。

　第1章でご紹介した「ファン化」「集客」「教育」「販売」「リピート」の流れの中で、集客に焦点を当てたSNSがTwitter、YouTube、Instagramです。一方、LINEは教育に効果的なツールとして考えています。それぞれどういった違いがあるのか解説していきます。

Twitterの特徴

　Twitterにはリツイート機能があり、**最も拡散力があるSNS**です。ただし、自分の投稿がコンスタントに拡散されるまでには、長い時間をかけてアカウントを育てなくてはなりません。日頃から多くのユーザーのためになるような有益な情報を発信していて、なおかつフォロワーが多い人でないと拡散されにくいというのが現実です。

　実績がない人やビジネス未経験者の人はアピールできるポイントが少ないため、投稿をしても全く見てもらえません。

　フォロワーがいないとツイートも伸びないアルゴリズムになっているため、**実績がない人がゼロからSNSを始めるときにTwitterでは評価されにくい**ということを知っておきましょう。

　ビジネス以外の部分で考えると、フォロワーが少なくても、一本取ったような面白いツイートができれば、多くのユーザーに拡散されることがあります。ただし、ビジネスにおいてそのようなことは起きにくいの

で、長期的な目線で投稿を続けていく必要があります。

YouTube の特徴

YouTube も Twitter でいうフォロワーと同じように、チャンネル登録者数が少ないと動画の再生回数が伸びません。

特に 1 〜 2 分の短い動画では再生されず、少なくとも 10 〜 20 分の時間をかけてノウハウや自分の知識を発信しなければいけないため、ハードルは高くなります。

ほかにもサムネイルや編集作業など、自分で技術を身につける場合はもちろん、外部の人に依頼する場合は外注費が発生するなどの手間がかかります。

また、**再生回数を伸ばすためには、少なくとも 1 〜 2 年は続けないと結果を出せません。**知識や経験がない状態で始めるのは難易度が高いため、起業当初に取り組むべき SNS ではありません。

Instagram の特徴

Instagram は、YouTube の規模を小さくした SNS だとイメージするとわかりやすいと思います。YouTube は動画を見てもらうことで集客の前に教育ができますが、Instagram も同じ流れで運用することができます。インスタライブで配信をすることで、YouTube と同じくじっくりと時間をかけてフォロワーに教育することもできれば、フォロワーと DM でやり取りをして、積極的にコミュニケーションを取ることもできます。

ほかにも、再生回数が期待できるコンテンツをリールで発信することで、フォロワーが少なくても、1 回の投稿で 3 〜 5 万回再生くらいのリーチを取ることができます。話すことが苦手なので、動画ではなく写真で自分のコンテンツをアピールしたいという人は、フィード投稿を使

うこともできます。

　総合的に考えると、1つのコンテンツを投稿するハードルの高さや、結果が出るまでのスピードなどは、YouTubeやTwitterとは大きな違いがあります。Instagramの場合は早ければ3カ月〜半年で結果を出すことができる点も魅力の1つです。

LINEの特徴

　LINEは教育に効果的なツールといえますが、LINE単体で登録者数を増やすことは望めません。LINEは集客媒体ではないため、登録者数を増やしたければ広告をかけることになります。
　LINEはお客様とコミュニケーションを取り、求めている情報を提供することで信頼関係を構築していくのに向いているツールのため、ほかのSNSとは使い方が異なります。

　LINEの登録者数が増えるほどインスタライブの視聴者数が増え、結果的にInstagramだけでなく、YouTubeやTwitterでもLINEの誘導ができます。つまり、LINEの登録者数を確保できれば、売上アップにつながるのです。集客を重視したSNSではフォロワー数が重視されますが、最終的に意識しなければならないのはLINEの登録者数です。

　このように、SNSマーケティングを成功させるためにLINEは必要不可欠のツールといえますが、商品単価によってはLINEの登録が必須ではない場合もあります。

　なぜ商品単価によってLINEの登録の有無が出てくるのかというと、例えば、2,000円の商品を買うときと20万円の商品を買うとき、どち

らが事前に必要な情報が多くなるかというと、おそらく多くの人が20万円の商品と答えます。

　2,000円の商品の場合は、「迷ったらとりあえず買ってみる」という選択ができますが、20万円の商品の場合は簡単に購入を決断することはできません。商品が高額であればあるほど、お客様に伝えなければならない情報を、事前に漏れなく伝える必要があるのです。

　お客様に個別で話を聞いてもらえる場所を用意する必要があり、そのためにLINEを使うのです。

　各SNSの特徴とその違いを把握してもらったうえで、次ページではInstagramの魅力をご紹介します。

Instagramの3つの魅力

　ここでは、ほかのSNSの特徴を紹介しながら、Instagramの優れている点をご紹介します。

　Instagramの魅力は大きく次の3つに分けることができます。

①初心者に優しい
②人とつながりやすい
③情報が伝わりやすい

①初心者に優しい

　この点については、InstagramとTwitterとYouTubeを比較するとわかりやすいと思います。TwitterとYouTubeについては前述の通り、実績がない状態では始めにくい、評価されにくいという特徴がありますが、InstagramはこれらのSNSとは違い、**実績がないところからでもフォロワーとのコミュニケーションが取りやすいSNS**です。

　運用開始当初はどのように投稿すればいいのかわからなかったとしても、後述するCanvaなどのデザインツールを使えば、**絵や文字を当てはめるだけで投稿できます**。コンテンツを作るハードルがグッと下がれば、無理なく続けることができるでしょう。

　また、各SNSの中でも**一番フォロワーを増やしやすい**のがInstagramです。TwitterやYouTubeはユーザーの属性が異なるため、積極的にチャンネル登録をしたり、多くの人をフォローしたりするようなコミュニティではありません。

② 人とつながりやすい

　Twitter の場合、いろいろな人と DM をやり取りする文化がありません。そのため、Twitter をビジネスとして使う際に DM を送ると売り込みだと思われてしまう懸念があります。また、YouTube は DM 機能がないため、コミュニケーションを取りたければコメントを送り合うしかありません。

　Instagram はコミュニケーションツールとしての側面が強いため、DM を送るハードルが低く、人とつながりやすいという特徴があります。そのため、Twitter と Instagram を比較した際に、どちらが気楽に DM でコミュニケーションを取ることができるかというと、Instagram のほうが断然勝っていると断言できます。

③ 情報が伝わりやすい

　Instagram は、情報を伝えるための手段が豊富な点も魅力の１つです。文章、画像、動画、ライブと選択肢が豊富にあります。動画１つとっても、再生時間の長さや話す内容、テンポ、見せ方などあらゆる面で自分の好きなようにアレンジできるため、自分にとってしっくりくる発信方法が見つかるはずです。

　全ての人にとって、自分の売りたいイメージを画像や動画などあらゆる手段で伝えることができるため、**Instagram を使いこなすことはビジネスを続けていくうえで有利に働きます。**
　これから SNS でビジネスを始めたいと考えている人にとっては、Instagram が一番相性のいい SNS であるといえます。

Instagramに向いている コンテンツ

　Instagramを使えば、伝え方次第でどのようなコンテンツでもビジネスとして成り立ちます。

Instagramでは自分の経験が強みになる

　僕のSNSマーケティングスクールの受講生に、イルカトレーナーとして7年間の経験がある方がいらっしゃいます。その方は、イルカトレーナーを目指す学生のためにInstagramを活用した情報提供をしています。ニッチな業界であることから就活に役立つ情報なども少ないため、とても貴重な情報源となっているようです。

　どんな業種であってもその情報を求めている人がいるため、自分の言葉で発信することができればビジネスとして成立させることができます。実際に、前述のイルカトレーナーの情報を発信している受講生の方は実績を残しています。

　今までの自分の経験を振り返ってみることで、思わぬ経験がコンテンツとして形になるかもしれません。

Instagramに不向きなコンテンツ

　気をつけてほしいこととしては、基本的にはどのような業種でも活かすことのできるInstagramであっても、中には不向きなコンテンツも存在します。

Instagram は個人向けの投稿が多いため、B to B（企業同士の取引）の
マーケティングには向かず、B to C（企業と個人の取引）が中心となり
ます。普段買い物をするコンビニやスーパーなどをはじめ、旅行やホテ
ルなど、個人として利用するものは全て B to C に分類されます。

　また、Instagram の決まりとして掲載できないコンテンツがあること
も把握しておきましょう。怪しすぎる投資の話であったり、マルチ商法
や 18 歳未満の人が閲覧できないコンテンツはアカウントの使用を停止
されやすい傾向にあります。
　一度使用停止を受けると、そのアカウントを復活させることができな
いこともあるため、ビジネス目的として運用する場合は最も気をつけな
ければいけません。

売れない人が
真っ先に見直すべきポイント

　Instagramで結果を残している人は、「正しい手順」を把握したうえで運用しています。まだ結果を残すことができていない人が、この先結果を出すためには、どのような道筋をたどればよいのでしょうか。

ゴールから逆算してコンテンツを作る

　お客様の最終的な目標やゴールから逆算して発信内容を考えていくと、商品の売り上げにつなげることができます。

　僕の場合は「好きなことを仕事にする方法」を教えているため、「これまでの経験を活かしてどのようなビジネスを展開できるか」ということを自分なりの切り口で発信しています。

　これまで投稿してきたのは、「看護師の経験を活かして月収100万円」「品出しが得意で起業する方法」「スーパーのパート主婦が副業で月商30万円」といった内容です。タイトルを見ただけでも、**いろいろな方が起業できる可能性を持っている**ことが伝わると思います。

　動画の中では「看護師のこういった経験やスキルを使えば稼いでいけるのではないか」という話をしているのですが、これは看護師に限ったことではありません。この動画をきっかけに、視聴者は「自分の経験はどのようにビジネスに活きてくるのか、この人に相談してみたい」と興味を持ちます。

●お客様の最終的な目標から逆算して発信内容を考える

クライアントの今までの経験やスキルを使ったビジネスモデルを紹介することで、いろいろな方が起業できる可能性を伝える。

●今までの自分の経験が貴重な情報源となる

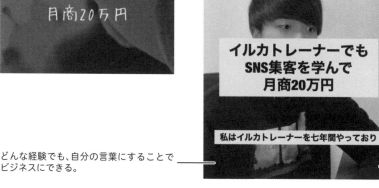

どんな経験でも、自分の言葉にすることでビジネスにできる。

●動画をきっかけに相談が届く

> 私は今、会社員をしているのですが、会社を辞めて夢である世界旅行をしようと考えています。
>
> 世界旅行をしながらそこでの経験や国の魅力などをInstagramやYouTubeで発信して海外に行きたくても勇気が出ないような方たちに少しでも勇気が出るような情報を与えていきたいと考えています。
>
> もし、たくむさんの夢が世界旅行だとしたら、何をはじめに行いますか？
>
> 自分の力だけで稼げるようになってから世界旅行に行くか、世界旅行をしながら発信して稼ぐか。
>
> 様々なやり方があると思うのですが、たくむさんのご意見をお聞きしたいです！
>
> よろしくお願いします。

実際、この動画をきっかけにさまざまな職種の方から多くのお問い合わせをいただきました。

お客様のゴールを明確にすることは、自分の商品のさらなる売り上げにもつながります。

売れない期間のメンタルの保ち方

売れるまでの期間は人によりさまざまで、半年で結果が出る人もいれば、1年かけてようやく兆しが見えてくる人もいます。頭ではわかっていても、結果が出ない期間が長く続けば続くほど、不安な気持ちになってしまうのではないでしょうか。

僕は結果が出るまでに2年半かかっていますが、睡眠以外の全ての時間をSNSマーケティングのために費やして、ようやくここまで成長できました。

起業している人の多くは**成功するまでには1〜2年、人や業種によってはもっと時間がかかることもあります**。巷でよく聞く成功者のように、短期間で収益化できるのは例外と考えてください。

Instagram は手軽に始められるからといって、すぐに結果が出るわけではありません。始めやすい分、SNS マーケティングに挑戦している人の数は多くいます。その中で多くの人は結果が出ないことにショックを受けて挫折していくため、自然と母数が減りライバルは少なくなります。

1 年間取り組んでみて残っている人がどれくらいいるのかと聞かれたら、「ほとんど残っていない」というのが実状です。挑戦するための第一歩を踏み出したら、すぐに「いかに継続していくか」という思考へ切り替えないと、成功できないということです。

Instagram 運用の優先順位

Instagram を運用する際には、優先すべき順位があります。**優先順位を決めるときはユーザーの動きから考えましょう。**結論からお伝えすると、

① プロフィール（コンセプト）
② ストーリーズ・インスタライブ
③ リール
④ フィード投稿

の順番となります。

さまざまなコンテンツを見たうえで、ユーザーが最終的にたどり着く先はプロフィールです。裏を返せば、どれだけプロフィール以外のコンテンツにこだわろうとも、**プロフィールが最適化されていないだけで全てが台無しになってしまう**わけです。

店舗集客の場合は直接予約フォーム、オンラインビジネスや高単価商

品を扱う場合はLINE公式アカウントのリンクをプロフィールに貼ることが、最初の準備になります。

　プロフィールの最適化ができたら、次にやらなければならないことはストーリーズとインスタライブです。ストーリーズとインスタライブは、それぞれ新規の認知を獲得するフィード投稿や、リールの拡散力を決定する機能です。

　どういうことかというと、そもそもInstagramのアルゴリズムは、既存のフォロワーにどれくらい自分のコンテンツが評価されているかで新規リーチを獲得できるパワーが変化します。すなわち、既存のフォロワーに好まれるコンテンツを出していく必要があるわけです。

　そこでストーリーズとインスタライブでフォロワーとコミュニケーションを取ることで、フォロワーのアクティブ度を示すエンゲージメントという数値をアップさせることができます。

　エンゲージメントがアップすることで、その後に投稿するリールやフィード投稿の拡散力が増すことになります。そして効率的にアカウントが成長していくわけです。

　それぞれの具体的な運用方法については、第4章以降で詳しくお伝えします。

顔出しするだけで
信用力が増す

インスタライブやリールが大切だと言われても、「顔出し」すること
に抵抗がある方もいらっしゃるでしょう。もちろん無理して顔出しする
必要はありませんが、信頼感を獲得しやすいというメリットがあります
ので、事情が許せば顔出しすることをおすすめします。

顔出しによって受け手の印象が変わる

顔出しすることによってアピールできるポイントが1つ増えるので、
自分の容姿に自信がある人や個性を主張したい人は、商品とは別に**自分
自身の魅力でファンを増やしていくこともできます**。

同じ内容の発信をするにしても、自分の個性をアピールしている人と
そうでない人が話しているのでは、受け手の印象も変わってきます。

顔出しをするにあたって、押さえておきたいポイントはいくつかあり
ます。

僕が最初にお伝えするのは、当然のことではありますが、「まず**散髪**
に行きましょう」ということです。身なりを整えたら、次に取り組むこ
とは、**自分がカッコよく写る写真の撮り方の研究**です。明るさやフィル
ターなどのカメラの設定や、角度・距離を細かく研究しましょう。カメ
ラに向かって写真を撮る練習をすることで、自分の見せ方を学ぶのです。

自分の顔を写真でよく見てみると、左右対称ではないことに気がつく
でしょう。右から見たときと、左から見たときでは顔の作りが違うので

す。写り方によって、相手に与える印象は大きく変わります。自分で研究することで、どちらから見たほうがよく見えるのか把握しておきましょう。

顔出しができなくても大丈夫

会社員の方が副業したい場合など、顔を出すことができない状況でもビジネスを成功させているケースはたくさんあります。

その場合、アイコンや投稿に自分の似顔絵などを使っている方もいますし、インスタライブも顔出しはせず、ぬいぐるみを置いてしゃべっている方や、景色を映しながら話している方もいます。

顔出しをしなくても、声の抑揚や言葉遣い、住んでいる地域の景色を伝えることなども自分の個性を伝えるための有効な手段です。

メンタルやスピリチュアル系の発信をしている人は、顔よりも声やBGM、景色などで癒しを与えるほうがいい場合もあります。

顔出しに限らず、**自分のアピールポイントを自分自身で理解することで、戦略を組み立てることができます。**

ポジショニングマップを
作ろう

　市場における自分のポジションを明確にし、戦略を練るための指針となる地図をポジショニングマップとよびます。

ポジショニングマップで自分のポジションを明確化

　ポジショニングマップを作るときは、縦軸と横軸の2つの軸で4つの領域を作り、競合他社の製品やサービスをマップ上に落とし込むことで、自社の戦略やどういった領域で勝負していくべきなのかを明確にすることができます（50ページ参照）。

　例えば、ただ「私はWEBコンサルタントです」「心理コーチをしています」といっても「ふーん、そうなんだ」で終わってしまい、それ以上の反応は得られません。

　ところが、「マーケティング戦略を組み立てられるWEBコンサルタントです」とか、「引き寄せの法則とマーケティング戦略を組める心理コーチです」といったように、**自分がどのポジションを取っているのかを伝えると一気に解像度が上がります。**

　集客ができるかできないかの明暗を分けるのは、このポジショニングにかかっているといっても過言ではありません。

●ポジショニングマップ

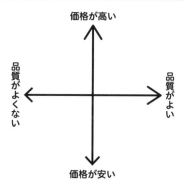

ポジショニングマップを考えるタイミング

　僕は、自分のブランディングを決める際や商品設計をするとき、あるいは商品の与えたいイメージを決めるときに、このポジショニングマップを使っています。

　ポジショニングマップを考えるべきタイミングとしては、プロフィールを作る前の段階がベストです。この階段でポジショニングを固めておくと、プロフィールの文章を考えやすくなります。

　そこで今回は、ポジショニングをわかりやすく決めていくことができるマップを使いながら、どのようにポジションを決めたらいいのか解説していこうと思います。

例としてコーチ・コンサルタント向けのポジショニングマップを取り上げます。

●コーチ・コンサルタントのポジショニングマップ

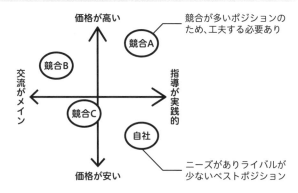

価格帯と提供する商品内容で軸を作ったとき、横軸はそれぞれどのようなビジネスを展開していきたいのかによって変わります。

1つの例として、世の中に存在している起業塾やスクール、コンサルというのは100万〜200万円の高額な受講料をとる人が多いです。そういった価格帯のビジネスは、競合Aの位置にマーキングされます。

ほかにもノウハウを教えるわけではなく、起業家の交流を重視するコミュニティもあります。年間100万円でアクティビティを楽しんだり、仲間との交流を深める体験ができる場所を提供するものがあたります。そういったものは競合Bの位置にマーキングされます。

月に2回程度起業家同士で高級フレンチを楽しんだり、旅行に行ったり、意見交換ができる場所を作り、それを年間30万円で提供しているところもあります。このビジネスモデルは、「中価格」で「楽しい」を再現しているので、競合Cの位置の近くにマーキングされます。

大切なのは、皆さんが参入する市場でライバルの商品がグラフのどの場所に置かれているのかを知ることです。業界にもよりますが、**ライバルのデータは30件ほど集めておくといいでしょう。**

　データを集めることで、市場の商品がどの場所に集中しているのかが一目でわかります。あえて埋まっている市場に参入する必要はないため、ニーズがあり、かつ空いている場所に自分の商品を作っていくことができるとベストです。

　既に競合がいるところに参入する場合には、当然工夫が必要です。**競合に勝つ必要はありませんが、同じ分野で戦って自分にどのようなメリットがあるのか一度考えてみましょう。**

　例えば、「すでに結果を残している人と今後コラボライブをしていける見込みはあるのか」とか「この分野には圧倒的に強い競合がいないな」などと考えてみることで、自分がどういうポジションを取っていくのか具体的にすることができます。

　一度決定したポジションは、基本的に見直す必要はありません。ただ、競合がどのように動いているかは注視しておき、自分の業界にどのような動きがあるのかということは把握しておきましょう。

ブランディングで
イメージを固める

Instagram は自分のブランディングに最適なツールといえます。

ブランディングはマーケティングと同じ意味であると勘違いされることが多いのですが、マーケティングは「商品を売るためのトータル的な戦略」であり、ブランディングは「自分や商品のイメージを高めること」です。

つまり、ブランディングとは商品を買わせるための戦略ではなく、**自分自身や商品のイメージが良くなるよう、相手に与えたいイメージを作り込むこと**です。そのうえで戦略として組まれるのがマーケティングです。

"価値がある"と思わせるためのブランディング

Instagram でブランディングをしていくためには、いくつか押さえておきたいポイントがあります。

商品の購入につながるパターンの1つに、「高いと思っていたけど案外安かった」という思考の流れがあります。その反対のケースとして、あらかじめ価値のあるものを買いたいと思っている人は、価格が高くないと買わないこともあります。

そのため、**「この人の商品は価値がありそうだな」と事前に思わせるブランディングが大切**です。価値があると思われるには、次のようなイメージを持たせることが必要です。

- 話し方に説得力がある
- インスタライブの視聴者数が多い
- フォロワーが多い
- 人気がある
- 商品を購入した人の実績も出ている

「この人は信頼できそうだ」「この商品は質が良さそうだ」と思わせるには、話し方や話の内容に説得力があるかどうかが大きく関係しています。

　頭の回転が速い人だと思われたければ、インスタライブやストーリーズでテンポよく話すような編集にしたり、知識がある人だと思われたければ、情報を網羅的にインプットしたりすることが効果的です。

　これまでの実績をアピールしたいのであれば、普段からDMなどでお客様（あるいは受講者）の声を募集して、いただいた意見を1日1回ストーリーズに載せることで、自分の実績をアピールすることができます。自分の実績をアピールすることで、商品の魅力をアピールすることに注力しなくても、お客様の方から自分の話を真剣に聞いてくれるようになります。

　自分がどのように思われたいのかを明確にすることで、投稿すべき内容も自ずと明確になります。

コツコツ継続することで認知度アップ

　Instagram は認知度を上げるツールとして非常に優秀です。当然ながら、アカウントの投稿数やフォロワーが増えていけば、多くの方に認知

していただくことができます。しかし、フォロワー数が1万人になったとしても、全く手をつけず放置されているようなアカウントでは意味がありません。

　毎日コツコツと投稿していれば、フォロワー数が500人や1,000人のアカウントでもリーチ数を伸ばすことができます。**最も重要なことはフォロワーの数に関わらず継続して発信すること**です。

　僕の場合は、認知度をアップさせるため、数字に比重を置かずに焦らずゆっくりと認知を取っていくことを心掛けました。

　注意が必要な点としては、**投稿を見てもらうことは認知度をアップさせることはイコールではありません。**自分のコンテンツを見てもらったうえで、自分がどんな人なのかを認識してもらったときにはじめて認知されます。そのためには自分のコンテンツを「回遊させる」ことが効果的です。

●コンテンツを回遊させるためにほかの投稿を見てもらうよう促す

たくむさんが0から月収100万円を目指すならどのようなことから始められますか？

ストーリーズを見てくれた方から、DMで質問が届く

DMありがとうございます！

こちらの投稿で解説してるので参考にしてみてください！

https://www.instagram.com/reel/Cho6wRbp3y1/?igshid=YmMyMTA2M2Y=

丁寧に返事をしたうえで、コンテンツを回遊してもらうよう促す

回遊させることの一例として、ストーリーズを見てくれた方からDM
で質問が届いたとしましょう。

　質問に対して「この投稿で解説しているので、よかったらチェックし
てみてください」と投稿を見てもらうよう促します。あるいは「その質
問は投稿の中で回答させていただきます」といえば、その方は自分の投
稿をチェックしてくれるはずです。

　1つ投稿をチェックしたら次の投稿も見たくなるような導線設計にし
ておくと、興味を持ってもらった段階から次々と投稿を見てもらうこと
ができます。興味から関心へと変わり、さらに深くノウハウを追求した
いと思うようになり、投稿者の人柄ももっと知りたいと思う心理が働く
のです。

　回遊させることによって、アカウントの滞在時間が伸びます。これに
より、ほかのアカウントのおすすめ表示に載りやすくなるため、自動的
に認知してもらうことができます。

フォロワー数より「ファン」を大事にすると売れる

　商品を買ってくれるのはフォロワーではなくファンの方々です。そのことを理解していれば、フォロワーではなくファンを大事にする必要があることが明確になります。

　フォロワーがファンになるまでには5つの段階があり、その人の発信を見たからといっていきなりファンになるということはありません。

●ユーザーがファンになるまでの5つの段階

①認知してもらう

　　リールやフィード投稿を目に止まらせ、存在を知ってもらう

↓

②興味を持ってもらう

　　投稿内容やプロフィールに興味を持たせ、フォローしてもらう

↓

③フォロワーの関心を高める

　　フォロワーにとって新しい発見や意外性のある内容を発信する

↓

④ギャップを出す

　　仕事とプライベートのギャップを演出して異なる印象を与える

↓

⑤ファンになる

　　インスタライブを見てもらうことで一気に親密度を高める

まずはリールもしくはフィード投稿で認知してもらうところから始まります。

　認知が獲得できた後は、そのなかから興味を持ってくれる人が現れます。

　投稿やプロフィールに興味を持ち、フォローするメリットを感じる内容になっていれば自分に関心を持ってくれます。

　さらに、ストーリーズでフォロワーに対して新しい価値観を与え、想像の上をいく情報を発信することで一段と関心が深まります。

　次の段階で大切なのは、普段フォロワーに与えている印象とはギャップのある自分をストーリーズで出していくということです。人はギャップに惹かれることが多いため、ストーリーズでは自分の日常を出すことで「こんな一面もあるんだ」と思ってもらい、もっと知りたいという気持ちを刺激します。

　最後の「ファンになる段階」で有効な手段がインスタライブです。ストーリーズで興味・関心まで到達し、「この人のことをもっと知りたい」と思っているフォロワーに向けてインスタライブを行うことで、グッと距離を近づけることができます。

　ファンになってくれた人との親密度を上げるためには、ストーリーズを活用してアクションをしてもらいましょう。

　ストーリーズにどのような内容を載せたらいいのかわからない人は、質問箱やクイズ、アンケートなどを載せましょう。

　お手軽なコミュニケーション手段として、ストーリーズでスタンプを使ってリアクションを送ってくれた人にDMを送る方法があります。アクションに対してDMを送ると、一気に距離を近づけることができます。

第 3 章

コアファンを増やす
心理術

なぜか惹かれてしまう アカウントの２つの共通点

　SNS を見ていると、「この人が発信している内容、なんかいいな」と思うアカウントがあると思います。そのような "なぜか惹かれてしまうアカウント" には、次の２つの共通点があります。

　①投稿内容に説得力がある
　②人の心が動くような言葉を使っている

　それぞれ解説します。

①投稿内容に説得力がある

　SNS を使っていると、たまたま見かけた投稿内容に深く共感する瞬間があるはずです。**自分では言葉にできなかったモヤモヤした気持ちがうまく言語化されているのをみると、「私が思っていたことと同じ！」と思い、その投稿者が気になってしまうことがあります。**

　多くの人が共通して抱えている悩みに対して、どのように伝えれば共感を呼ぶことができるのか知っている人は、言語化能力が高いだけでなく、悩みの本質を理解している人です。そういう人に出会うと、「自分の問題を解決してくれるかもしれない」と思い、惹かれてしまうのです。

②人の心が動くような言葉を使っている

　言語化能力に通じる部分があるかもしれませんが、話し方や言葉のチョイス、訴求の仕方などが上手な人にも惹かれることが多いのではないでしょうか。**人の心が動くような細かい表現の仕方を常に意識していて、**

例え話などでわかりやすく伝えてくれる人はファンが多くついています。

　以前、僕のファンに、どこに惹かれたのか聞いてみたことがあります。そのとき多かった意見は、「遠慮せず、はっきりズバズバと言ってくれるところが響いた」ということでした。

　はじめは僕のことを「偉そうに話す若者だな」と思っていたそうですが、「気がついたら自分から投稿を見るようになっていた」そうです。

　僕はよく、内心ムカッとさせてしまうようなことや、言われたくないことを気にせず人に言うことがあります。「言う」というよりも、「刺す」という表現が近いかもしれません。刺された人は、嫌だと感じながらも図星であるため僕の投稿を見てしまう心理が働くのでしょう。

　相手に刺さる言葉を使うためには、事前にユーザーがどのような言葉に反応するのか、どういう言葉で悩みを検索しているのか徹底的に調べておく必要があります。

　よくお客様の悩みをお客様本人に聞かずに、自分の言葉で考えたりする人がいますが、それは間違いであると言えます。大切なのは、お客様が実際に使う言葉で悩みを知っておくことです。

　僕のインスタライブ中に使う言葉やキーワードは、どれもお客様が日常的に使用する言葉を選んでいます。これにより、お客様は自分のこととしてライブを前のめりで視聴するようになります。そのため、2時間ほどの長時間のライブであっても、最後まで見てくれる方がほとんどです。

　普段からユーザーがどんな言葉を使って生活しているのかを考えて発信できると、より効率的に人を惹きつけられるようになります。ぜひやってみてください。

コアファンを増やす心理術

フォロワー数が多いと
商品は売れるのか

　SNS マーケティングにとって理想的なアカウントとは、フォロワーが多く、なおかつファンも多いアカウントです。

　フォロワーが多くてもファンが少ないアカウントというのは、「認知」と「興味」だけを増やしている状態です。つまり、興味を持ってもらっているものの、「関心」を抱いてもらうことができておらず、**自分がどのような人間なのか印象づけがうまくできていない**のです。そのため、そこから先の商品が売れるフェーズまでつながっていない状態になっています。

　この状態は、関心を深めるためのストーリーズの運用と、自分のことを好きになってもらうためのインスタライブが足りていません。話し方を変える、印象を変えるなど、ファンが増えるような戦略を取っていくことが必要です。

フォロワーのうち何人がファンになってくれればいいのか

　では、仮にフォロワーが 100 人いる場合、そのうちの何人くらいがファンになってくれればビジネスが成立するのでしょうか。

　この問いに明確な答えはないのですが、フォロワーに対してストーリーズの閲覧率がどれくらいあるかというのは、コアなファンがどのくらいいるのかを知るわかりやすい指標になります。

　ストーリーズの閲覧率は、フォロワーの 20% あれば優秀だと言われています。僕のストーリーズの閲覧率は 20 〜 30% ぐらいです。

究極のファンの方は、オフ会に来てくれたり、商品を買ってくれたりするものですが、商品を買うに至らなくてもファンだと言ってくださる方はいます。そこを考慮しても、フォロワーの中で20〜30％ぐらいがコアなファンになってくれれば十分ビジネスは成立します。

　Instagram には、公式に提供しているデータ分析ツールのインサイトという機能があります。フォロワーの年齢、男女比、性別、地域などのデータや、それぞれの投稿に対するエンゲージメント（「いいね！」や「コメント」といったフォロワーの反応）などを分析できます。

　そのほかにも、コンテンツがリーチしたフォロワーの割合や、プロフィールのアクティビティなどのデータを分析できます。

　多くの人に反応があった投稿のデータを分析すれば、Instagram の攻略がより具体的になります。

　なお、Instagram のインサイト管理画面では閲覧率を直接見ることはできないため、自分で計算する必要があります。

　ストーリーズのリアルタイムでのデータやストーリーズの過去のアーカイブを見ると閲覧数が出ているので、「閲覧数÷フォロワー数」で計算すると閲覧率が出てきます。

アカウントを作り直してやり直すべきか

　さきほど、「ストーリーズの閲覧率はフォロワーの20％あれば優秀」とお伝えしましたが、こういうことを言うと次のように考える人が現れます。

　「私のアカウントはストーリーズの閲覧率が10％ほどなのですが、アカウントを作り直してやり直すべきでしょうか？」

コアファンを増やす心理術

こんなふうによく聞かれますが、答えは「**やり直さなくていい**」です。

　数値だけにとらわれた運用をしていると、その温度感はフォロワーに伝わります。

　今のままでも、少なくともフォロワーの10％はストーリーズを見てくれているわけです。目の前のフォロワーを大事にせず、自分のエゴだけでアカウントを運用していると、その10％の人さえも離れていってしまいます。

　ストーリーズの閲覧率を上げる唯一の方法は、見てくれているお客様を満足させることです。

　数値を意識しすぎることなく、SNSを楽しみながらフォロワーを満足させる発信を心掛けましょう。

ファンの心をつかむ心理テクニック

　これまでにファンを増やす大切さをお話ししてきましたが、ここではファンの心をつかむ心理テクニックをご紹介します。心理テクニックを使いこなすと、状況に応じて適切な言葉をかけることができるようになります。

ファンの心をつかむ心理テクニック8選

①プロスペクト理論
②数字を入れることで興味を引きつける
③おとり効果
④アンカリング効果
⑤バンドワゴン効果
⑥コールドリーディング
⑦希少性の法則
⑧ツァイガルニク効果

① プロスペクト理論

「プロスペクト理論」というのは、消費者が商品を購入する場面において、どのように意思決定をするのか表した理論です。意思決定には、客観的な事実のほかに消費者が置かれた状況も大きく関係してきます。

　宝くじがわかりやすい例でしょう。一等に当選する確率は約 2,000 万分の 1 という、ほとんどゼロに等しい数字です。それにも関わらず

3

コアファンを増やす心理術

「もしかしたら当たるかもしれない」と、過度な期待を寄せてしまう不合理な心理が生じてしまうのです。

　また、**人間は得をしたときの喜びよりも、損をしたときの喪失感を強く感じる**という傾向があります。３万円をもらったときよりも３万円をなくしたときのほうが、より大きく心が揺さぶられる感じがしませんか？

　フォロワーにアクションを起こしてもらいたいときには、このプロスペクト理論を活用しましょう。

　例えば、インスタライブを見ている人からコメントをもらいたいのであれば、ただ「コメントをしてください」というだけでは動いてくれません。伝え方を工夫して、「ライブはただ見ているだけだとあまり頭に入らないですよ。僕も以前はただ見ているだけでしたが、コメントやリアクションをするようになってから変わっていきました」と**時間的な損失について言及してみてください。**

　人間は損失を嫌う生き物なので、**アクションを起こさなければ損をする**と伝えることで、行動を促すことができます。

●ネガティブ訴求を利用したタイトルのつけ方

YouTube のサムネイルなどで、「SNS 運用で絶対にやってはいけないこと」「伸びない人がハマる落とし穴」などのタイトルがつけられているものを目にしたことがあると思います。恐怖や不安などのネガティブな感情を刺激することを**ネガティブ訴求**といいます。ネガティブ訴求は、**もしかして自分も当てはまっているのではないかと思い確認してみたくなる**ため、視聴回数が伸びやすくなるのです。

（②数字を入れることで興味を引きつける）

　数字は最も興味を引く部分です。「0 から月収 100 万円までの完全ロードマップ」「売り上げが 20% 上がった営業テクニック」などと**イメージしやすい数字があると、人の目に止まりやすくなります。**「初心者が必ずぶつかるインスタ集客 3 つの壁」などのタイトルも興味を引きます。動画のタイトルで数字を示すことで、「たった 3 つのことを守ればいいのか」と、自分にも実現可能だと思ってもらうことができます。

●数字を入れることで人の目に止まりやすくなる

（③おとり効果）

　おとり効果もマーケティングにおける消費者心理の 1 つです。**2 つの**

選択肢で迷うユーザーに対し、片方の選択肢よりも見劣りする第3の選択肢（おとり）を提示することで、ユーザーの意思決定を変化させる心理効果です。

　人が何かを選択するとき、やるのか、やらないのかという二者択一だと「選択肢が少ない」と感じてしまいます。その状況で第3の選択肢が提示されたとき、その3つの中から比較をはじめます。目の前に出てきた選択肢はそれぞれどこが違うのか、どれが得なのだろう、と無意識に考えてしまうのです。

　自分が頭の中で考えていることと実際の行動が矛盾していると、脳で考えていることと行動を合わせにいく法則が働きます。これを「認知的不協和」といいます。本来買う気はなかったのに、脳の中では提示された3つの選択肢の中から「どれがいいかな」と比較してしまうことから、購入に至るのです。

●おとり効果を利用して本命の商品を購入してもらう

| 商品 A 10,000円 | 商品 B 5,000円 | 商品 C 3,000円 |

この3つなら
プランBかな…

人間というのは、放っておくと何の行動もしない生き物です。迷って
いて決めることができない人に踏ん切りをつけてもらい、背中を押した
いときにも使うことができるのが、このおとり効果です。前項のプロス
ペクト理論と合わせて使うこともできます。

　例えば、とあるノウハウを教える講座があるとします。
　その講座の一番価格が安いプランはコンサルタントがついておらず、
コンテンツサイトをみて自主的に勉強してもらうだけのプランです。自
主性がなく、誰かに教えてもらわないと進められない人は、手をつけず
に放置してしまう可能性が出てくるため、そういう方は価格が安いプラ
ンは向きません。
　それならば、「コンサルタントがついているプランにしたほうがいい
ですよ」と、次に価格が上のプランを提示することで、**本命のプランへ
の購入を誘導することができる**のです。

　さらに、おとり効果は、ストーリーズでアンケートに答えてもらいた
いときにも使うことができます。アンケートに答えるか答えないかの二
択ではなく、答えたくなるようなタイトルと選択肢で投稿することで、
アンケートの回答率を上げられます。

④ アンカリング効果

　アンカリング効果も心理効果の1つです。船が錨（アンカー）を下ろ
すと、そこから動けなくなることが由来となっており、**最初に提示され
た数字や条件が基準となって、その後の判断が無意識に左右されてしま
う**という心理です。
　高い商品を見た後に、それより低い価格の商品を見るとその商品が安
く見えます。このような状況でアンカリング効果が働くと、ほかにも高
機能で安価な商品があるかもしれないのに、ほかの商品のことが目に入

コアファンを増やす心理術

らなくなってしまうのです。

　ほかには、買い物をするときに定価が1万5,000円だと「少し高いかな」と思ってしまいますが、定価5万円から値引きして今だけ1万5,000円と表示されていると、「これだけ値引きされているなら買ってもいいかな」と気持ちが揺れることがあります。

●アンカリング効果によって購入へのハードルが下がる

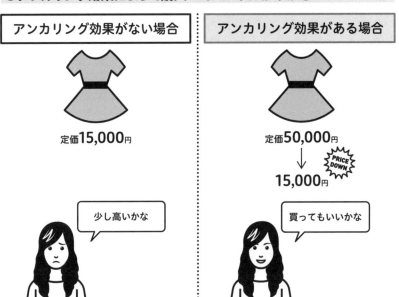

⑤バンドワゴン効果

　バンドワゴン効果とは、**レビューや口コミの数が多いほどその対象を信用しやすくなる**という心理のことです。例えば、Amazonのレビューや食べログの評価をチェックする方は多いと思いますが、これはSNSでも使える心理術です。

　実績のない人が口コミを集めるためには、DMやストーリーズを使って無料相談の募集を受けることが近道です。集まった相談には全て回答

し、そのやりとりの様子をストーリーズに投稿し、ハイライト[※5]に常に置いておきます。この工程を1日5〜10件繰り返すことで、お客様の声を効率的に集めることができます。

　ビジネスで使われているノウハウは実は大体同じで、同じことをそれぞれの言葉で伝えているから違うように聞こえているに過ぎません。

●多くの人に選ばれているモノがさらに人を集める

　大切なのは、そのノウハウを誰が言っているかフォロワーに意識づけることです。そのためには、**常に自分の実績を示し、自分のノウハウは周囲から評価されているということを見せておくことが必要です。**そうすることで、投稿が拡散されやすくなったり、インスタライブに多くの人が見に来てくれたりと、アカウントが成長していくのです。

　実店舗のビジネスでもオンラインのビジネスでも関係ありません。購

※5　ハイライト：通常24時間経過後に削除されるストーリーズの投稿を、任意のカテゴリごとにまとめることができる機能。プロフィール欄の自己紹介文の下に丸いアイコンが表示され、タップすることで閲覧できる。

入後のお客様にどのような変化があったのかを見せることができれば、信頼が増え、頑張らなくても商品が売れていきます。

⑥ コールドリーディング

自分のノウハウを「もっと知りたい」と思ってもらうためには、今相手が考えていることを先回りして言ったり、代弁して言ったりするコールドリーディングという話術が有効です。

コールドリーディング (cold-reading) とは、コールド「準備なしに」、リーディング「相手の心を読む」という意味です。**何気ない会話をするだけで相手のことを言い当て、相手に「この人は私を理解してくれている」と信じさせる話術**です。

例えば、「私はインスタライブなんてやったことがないからうまく話せるかわからない、という方はたくさんいると思うのですが、初心者でもできるので大丈夫です」と、**相手が考えていそうなことを気持ちに共感しながら代弁すると、よき理解者だと思ってもらうことができます。**

自分がまだ相手に話していないことや、考えていることを先に言い当てられたとき、その人を「すごい人だ」と思ってしまったことはありませんか。そんなとき、人は強く惹きつけられるのです。

基本的に人は何らかの不安を抱えています。何かを始めるとき、「自分なんかにできるのかな」とか、「未経験だし」という不安な気持ちが多くなります。人の不安な気持ちを理解することで、その不安な気持ちに寄り添ったコールドリーディングができます。

⑦ 希少性の法則

時間や個数に限定性を持たせることで、失いたくないという心理が働

き、結果的に行動してもらえるという効果を**希少性の法則**といいます。

　どういったタイミングやシチュエーションで使うことが効果的かというと、おもに**インスタライブの視聴者数を伸ばしたいタイミングで使います**。次回のインスタライブの告知をしたいときや、インスタライブから LINE の登録や主催するセミナーに誘導したいとき、ライブの視聴者数が集まらないことにはその目標は達成できません。

　当然のことではありますが、10 人が見にくるのかそれとも 100 人が見にくるのかで、誘導したときのパーセンテージが同じだったとしても、実際に集まる人数は大きく異なります。前提として、「ライブを見にきてもらう」ことが大切になるわけです。

　では、インスタライブの視聴者数をどのように上げるかというと、限定性を持たせるのが一番です。**「今日はアーカイブを残しません」「今日はリアルタイムで見た人限定の配信です」**と伝えることで、視聴者は**「後回しにせず、今すぐ見よう」**と考えるのです。
「今は忙しいから後でやろう」とか「ほかにやることがあるから、そっちが片付いてから取り掛かろう」といったように、行動しない 1 つの原因として、後回しにして、結局そのままにしてしまうことがあります。後回し癖を消すための効果として、希少性の法則が役立つのです。

　希少性の法則をインスタライブで使うときは、事前に告知をするときに「次回のライブはアーカイブを残しません」と伝えると効果的です。ライブの冒頭で伝える場合にも一定の効果はあり、集中して聞いてもらえるようになるので視聴維持率を上げることができます。ただし、視聴者の母数を上げるという意味では事前に言わなければいけません。

コアファンを増やす心理術

⑧ ツァイガルニク効果

　ツァイガルニク効果とは、達成してやり遂げた出来事よりも、達成できていない事柄や中断された物事のほうがより強く記憶に残り、気になってしまう心理的な現象を指します。

　日頃意識していませんが、私たちはツァイガルニク効果に囲まれて生活しています。 例えば、テレビのクイズ番組がそうです。正解を発表する前に、必ずといっていいほどCMを挟みます。さらにそのCMもドラマ仕立てになっていて、「続きはWebで」と誘導されることもあります。こうしたクイズ番組やCMは、「途中で終わると気持ち悪い」という心理を利用しています。

　チャンネルを変えたいけれど、1回見てしまったクイズの答えを知りたいのでCM明けまで見続けたり、「続きはWebで」というやり方にはうんざりしているのに、気がついたらWebサイトを訪れてしまうことがあるはずです。

　このツァイガルニク効果を、**インスタライブの試聴維持率を上げるために活用する**ことができます。具体的にどういった話し方をするかというと、まずは前述の希少性の法則を最初に伝えます。「今日はこのアーカイブを残さないので、今ライブを見ている方限定でノウハウを喋っていきます」と伝えたうえで、「今日は〇〇のノウハウを3つお話しします」と、ノウハウを3つ紹介することを視聴者に共有します。**最初に3つノウハウを話すと伝えておくことで、視聴者は3つ聞き終わるまでライブを視聴するようになります。**

　そして話の本筋として、1つめのと2つめのノウハウを詳細に話します。当然視聴者は続けて3つめのノウハウを期待しますが、**2つめのノウハウを言い終えた後に、一旦別の話題に転換することがポイントです。**

「3つめのノウハウを話す前に、今日ここでやっているような勉強会の参加者の募集をしようかなと思ってます」として、「3つめのノウハウはこの勉強会の告知が終わった後にご紹介しますので、続きが気になる人はぜひ残ってください」と言うと、集中して勉強会の告知を聞いてもらうことができます。

　このようにツァイガルニク効果をテクニックとして使用することで、**試聴維持率が上がるのです**。告知とは別の使い方としては、「コメントが10件来たら3つめのノウハウを紹介しようかなと思います」というように、視聴者により知りたいと思わせる、興味を持ってもらうためにも有効な手段です。

人はどういったときに感情が動くのか

　本章では心理効果についてお話ししてきましたが、心理テクニックを使おうとするだけでなく、**目の前の人がどのようなときに感情が動かされるのだろう、と考えること**は非常に大切です。

　人を観察することで普段の生活だけでなくインスタライブ中にも臨機応変に人の心をつかむ話をすることができます。

　人が何か行動をするときは、その行動を起こすに至った心理効果が働いています。

　例えば、街中で社会人らしき人が急いで走っている光景を見かけたとき、「この人は何かの待ち合わせに遅れているんだろうか」と考えることができます。同じように、人がうれしそうにしているときや悲しそうにしているときも、なぜそのように見えたのかを考えることで、今目の前にいる人の背景を考えることができるのです。

　人の感情やその背景を考えることで、話の組み立てに応用することもできます。「こう言ったら人はこういう風に喜ぶのか」といったように、見ててわかるようになるのです。そのため、人を喜ばせたいときにどう

3

コアファンを増やす心理術

いったことを言えばいいのか、あるいは人を元気づけたい、笑わせたいのであればこういう風に言ってあげようと、**状況に応じて適切な言葉をかけることができるようになります。**

　心理効果として名前はないかもしれませんが、僕が主催として開催している勉強会やセミナーでは、**緊張と緩和の使い分け**を意識しています。**笑ったり緊張したりといった喜怒哀楽が一定時間内で切り替わることで、人の緊張をほぐすことができます。**それだけではなく、緊張と緩和の使い分けに加えて自信のある話し方や圧倒的な知識量を披露することで、聞き手は信頼しやすくなることに気がつきました。

　今までにご紹介した心理効果には1つ1つ名前がつけられていますが、大切なのは、人はどういったときに感情が動くのか考えることです。そのことを意識しておくだけでも、SNSマーケティングに限らず実生活においても生かすことができます。
　この考え方を習慣化するためには、電車の中の広告1つとっても、「なんでこのタイトルにしているんだろう」「どういう人に届けたい広告なんだろう」と考える癖をつけましょう。**考え方1つで日常の何気ない風景も自分を高めるための練習にできます。**
　SNSにおいては、気になる投稿を見かけたときに、「なんでこういう風に書くんだろう」という目線を持ちながら、「自分だったらどう伝えるか」と、自分事として考えることが大切です。

　常に何かに疑問を持つこと、常に自分の中で不足を持つことで、多くのことを学びに変換できます。「興味がないから知らなくていいや」「現状も悪くないから今のままでいいかな」と、**自分の目に映るものごとをスルーしてしまうと、自分でも気がつかないうちに考え方や発想が凝り固まってしまいます。**

第**4**章

ファンが増える
コンセプト作り

印象を大きく左右する言葉選び

　プロフィールを作り込む前に、自分の発信する情報を誰に受け取ってほしいのか考える必要があります。いきなりプロフィールを作るのではなく、誰にターゲットを絞るのか、絞ったターゲットはどのような悩みを抱えているのか、先にリサーチをするのです。まずはプロフィールから作っていくイメージがあるかもしれませんが、**プロフィールを作るのはターゲットを絞ってリサーチが完了した後**ということを覚えておきましょう。

「私にとって役立つ人」であることを伝える

　まずはじめに、**プロフィールの文章は自分で考えてはいけません**。自分の頭の中で考えた悩みではなく、実際にお客様が抱えている悩みの中からプロフィールに載せる言葉を選びましょう。
　Instagram内ではもちろん、通販サイトのレビューや相談サイトなどからも、お客様の抱えている悩みをリサーチすることができます。

　ターゲットを明確に絞ったうえで、悩みを抱えている人に刺さるような言葉を選ぶことで、**「この人は私にとって役立つ人だ」**ということが**伝わるプロフィールを作り込んでいきます。**

キャッチコピーをつける

　僕は、SNS集客で「好き」を「仕事」に、というキャッチコピーで

SNS マーケティングに取り組んでいます。こうしたキャッチコピーの
つけ方には、実は規則性があります。

文字数とキャッチコピー

　まず、**文字数は 13 字以内にしましょう**。一般的に、ブログのタイト
ルなども 13 字以内がいいとされています。長くも短くもなく、伝わり
やすい文字数であるといえます。

　僕の場合は、ユーザーネームの後ろに『SNS 集客で「好き」を「仕
事」に』というキャッチコピーを入れていて、プロフィールの本文部分
にも【SNS で好きなことを仕事に】と、ほとんど同じキャッチコピー
を 2 カ所に入れていますが、これには狙いがあります。
「自分が好きなことを仕事にしている人ですよ」ということを伝えるの
はもちろん、「自分のプロフィールにアクセスすることで、好きなこと
を仕事にするためのヒントがわかりますよ」と伝えるために同じキャッ
チコピーを入れています。
　必ず同じ文言を入れなければいけないわけではありませんが、名前だ
け見たときに途中で表示が途切れていることがあるため、**同じキャッチ
コピーをプロフィールに 2 回書くことで、確実に伝えたい内容を伝えら
れます**。

見やすいプロフィールの法則

　次に、キャッチコピーの下に箇条書きを 3 つ入れます。**1 つは自分が
発信する内容、ほかの 2 つは実績を載せます**。プロフィール欄の箇条書
きで載せている部分は、いずれもプレゼントタイトルになり得るような
言葉選びを意識することで、より具体的に内容を伝えることができます。

　文字数については、**プロフィールの文字数制限が 150 字なので、名**

4

ファンが増えるコンセプト作り

79

前をカウントしないで 140 字前後に収まるようにしましょう。

見やすいプロフィールの法則としては以下のようになります。

- 1 行目にキャッチコピーを入れる
- 箇条書きを 3 つ載せる
- 1 行空けてプレゼントタイトルとリンクを入れる

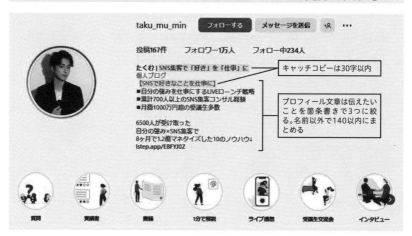

改行の入れ方

　改行を入れようとしても、Instagram のプロフィール上だけでの改行は取り消されてしまいます。「簡単コピペ」という Instagram の改行用アプリを使用することで、改行を入れたプロフィールの作成ができるようになります。

ランディングページから言葉を選ぶ

　プロフィールをどういった文言にしたらいいのか悩んだときは、ランディングページ（読者が着地したページ）を Web で検索して、どういった言葉が使われているのか調査します。ランディングページは特定の商品やサービスを強く訴求するページのため、読者に最終的に着地してもらい、具体的なアクションを起こしてもらうことを目的としています。

　ランディングページで使われている言葉を全部並べてみて、プロフィールに使えそうな言葉を取り入れてみるといいでしょう。

　自分で１からキャッチコピーを考えるのは時間がかかるうえ、本来届けたいターゲットから的が外れている可能性があります。調べた中から自分の気に入った言葉を応用して使うことが、親しみあるキャッチコピーを作る近道です。

ファンが増えるコンセプト作り

プロフィールは 「ブランドの顔」

　Instagram ではファンが増えるコンセプト作りをすることが非常に大切です。プロフィール作りの大切さは第2章でもお伝えしましたが、ポイントは次の3つです。それぞれ説明していきます。

プロフィール作りのポイント3選

　①何の専門家なのかわかること
　②実績を示すこと
　③再現性が伝わること

① 何の専門家なのかわかること

　まずはコンセプト設計が必須です。コンセプト設計とは、**誰のためにどんな情報を発信するのか、どのジャンルの専門家なのか、誰が見ても分かるように作り込むことです。**

　コンセプト設計は「未来を見せる」という点においても大切になってくる部分です。「この人から教わったら私もこうなれるのではないか」といった未来を見せるためには、専門分野がはっきりわかるコンセプトでなくてはいけません。

　例えば、病院にも総合病院や専門病院などさまざまな種類がありますが、もし自分ががんになってしまったら、がん治療に特化した病院で診てもらいたいと思いませんか。その場合、「がん治療専門病院」と誰にでも理解できるネーミングであれば、「この病院ならがんが治るかも」

と期待し、足を運ぶわけです。

② 実績を示すこと

　専門分野において、どれだけ実績が出たのかということはきちんと書かなくてはなりません。**まだ駆け出しで実績がない場合は、無料相談を実施して口コミを集めましょう。**

　掲載する実績は、数字が大きければ大きいほど信頼も増しますが、**数字よりも大切なのは、誰のための実績なのか伝わること**です。
　例えば、少年野球のコーチが全員プロ野球選手ではないように、初心者には初心者に教えることに適切なレベルの人がいます。現在の実績が少なくても、自分の商品やサービスを誰に届けたいのかというポジションが明確であれば、必ず需要はあります。

③ 再現性が伝わること

　実績とともに、プロフィールには"誰にでもできるという再現性が伝わるキャッチコピー"を入れましょう。例えば、僕の場合は「貯金5万円の平凡大学生でもできた」というキャッチコピーを使っていたことがあります。そのほかにも、「ビジネス経験ゼロ、インスタ初心者の主婦でもできた」のように、誰にでもできることを伝える必要があります。
　実績ばかりをアピールしていると「自分にはできないのではないか」と思ってしまう人もいるため、現実的に再現可能であることを伝える必要があります。

　以上の3つはプロフィールに入れるべき必須項目です。次の段階へのステップアップとして、**写真やハイライトなども充実させるとプロフィールはより伝わりやすくなります。**

ハイライトを活用する

　ストーリーズは投稿から 24 時間経つと削除されてしまいます。しかしハイライト機能を活用すれば、ストーリーズをプロフィール上に表示させ続けることができます。

　ハイライトに受講者の声を入れたり、運営している YouTube などのメディア情報を入れたりすれば、**自分が見せたいコンテンツを常に表示させることができます。**

●プロフィールに載せきれない情報はハイライトでカバー

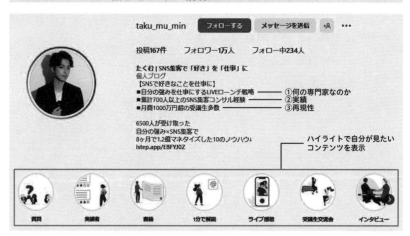

プロフィール写真を決める

写真はプロフィールの顔となるため、丁寧に作り込みましょう。

写真は一眼レフで背景をぼかし、ポートレート（メインとなる人物が際立つように撮影された）写真を使うのがおすすめです。

例えば、コーチ系の業種であれば明るい背景で笑顔の写真を使うことで、さわやかな印象を与えることができます。

顔出しをしたくないが親近感を持たせたい場合は、イラストや自分の似顔絵をアイコンにするなど、自分が見せたいイメージをコントロールしてプロフィールの写真を決めていくことが大切です。

絶対にやってはいけないことは、フォルダーの中にある画像から適当にプロフィール写真を選ぶことです。プロフィール写真は基本的にポートレートかつ笑顔のものが望ましいのですが、プライベートで撮った写真は表情が暗かったり、余計な情報が入っていたりする場合が多いので避けましょう。

また、すぐに写真を用意できるからといって自撮りをするのもよくありません。私生活感が強く出るため、ビジネスに向かないことが多々あります。

自撮りをするときに、下の角度から撮ってしまい、光の加減などで怖い人に見えてしまうことがあります。アカウント運用初期に怖いイメージを持たれてしまうと、人が寄ってきません。スタジオでプロに写真を撮ってもらうなど、多少手間がかかっても丁寧に作り込みましょう。

僕はプロフィール写真を1年に1回くらいの間隔で変更することがあ

りますが、これ以上の頻度で変更していると、フォロワーに誰なのか認識されなくなりフォローを外されてしまう可能性もあります。

　プロフィール写真を変えたい場合は、その前にストーリーズでアンケートを取ってみましょう。「この2つの写真、どっちをプロフィール写真にしようか迷っているんですけど、どっちがいいと思いますか？」とアンケートをとると、**ファンと一緒にアカウントを作り上げることができます。**これにより、写真変更後もすぐに認識してもらえます。

　基本的には1年は写真を変えず、変えたらストーリーズで「プロフィール写真を変更しました」と告知をしましょう。

●プロフィール写真は丁寧に作る

●プロフィール写真を作るときのチェックポイント

・散髪して清潔感が出ているか
・自撮りをしていないか
・顔が暗く写っていないか
・自分のイメージ通りの写真になっているか
・フォルダ内から写真を探していないか
・余計な情報が入っていないか
・私生活感が出ていないか

リンクを貼る

　プロフィールには自分のホームページや販売サイト、LINEの登録画面などのリンクを貼るようにしましょう。

　コーチやコンサル系のビジネスをやっている人であれば、LINEの登録者数を増やすためにすぐに登録できるリンクを貼っておきます。

　実店舗を持っている人は、予約フォームやホットペッパーなどのリンクを貼りましょう。

　リンクを貼る際に最も大切なことは、**リンクを踏んだら（登録したら）どうなるのかはっきりとわかるように書くこと**です。例えば、「LINEに登録してくれた方だけにSNSビジネスのノウハウをまとめた資料をプレゼント」のように、どのようなメリットがあるのか伝えない

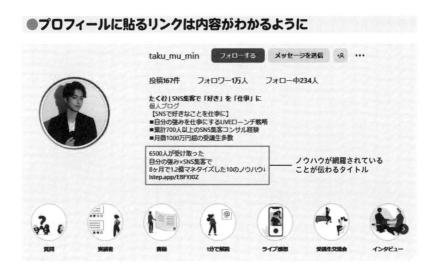

●プロフィールに貼るリンクは内容がわかるように

と、登録にはつながりません。

　資料をプレゼントとしてお渡しする場合は、「PDF250 ページ分の資料です」とか、「動画 3 時間分のノウハウです」と**具体的なボリュームを明記**しましょう。

　資料のネーミングに迷った場合は、「経験ゼロから月収 100 万円までの完全ロードマップ」とか「月に 150 人集客するための営業テンプレート」など、**ノウハウが網羅されていることが伝わるタイトルをつける**ことで、具体的な内容が伝わりやすい資料となります。

　これらのポイントをおさえてプロフィールを作ることで、伝えるべき内容がきちんと伝わり、与えたいイメージを反映したプロフィールとなります。
　プロフィールの情報が不足していると、いくら投稿やインスタライブを頑張っても売り上げにはつながりません。本格的に Instagram の運用を始める前に、まずはプロフィールを整えましょう。

写真で魅力や世界観を伝える

　写真で世界観を伝えられることは、Instagram の最大の魅力だと言えます。**自分で設計したコンセプトに沿う形で写真を載せることで、ターゲットに響くアカウントに成長させることができます。**

写真を撮るときのポイント

　僕は投稿のために自撮りをする場合でも、10 回くらい写真を撮って、その中でどれが一番いいか、あらゆる視点でチェックしてから投稿する写真を決めています。

　最初に 10 枚連続で撮ってからどれがいいか選ぶのではなく、1 回撮るたびにチェックをして、ダメだと思ったらもう一度写真を撮って、納得できるまで何回でも撮り続けます。

　顔の角度や目が怖そうに写っていないかなど、チェックするポイントはいくつもあります。自撮りというのは、それだけ悪いところが目立ってしまうものなのです。

写真の構図

　構図については難しく考える必要はありません。スマートフォンで地面に対して垂直に撮るのと、傾けて撮ったときでは、全然写り方が違うということを知っておくだけでも変わってきます。

　レンズを傾けることで足が長く見えたり、スタイルがよく見えたりするので、ちょっとしたことを変えるだけでも、誰でもよい写真を撮ることができます。

ファンが増えるコンセプト作り

モデルさんの写真を見たときに、私もこう写りたいという願望が生まれることがあると思います。その構図と同じように撮ってみれば、周りに「素敵だね」と言ってもらえるような写真ができ上がるはずです。

被写体が人ではなくモノである場合もあります。特に撮りたいものが商品なのであれば、見栄えよく撮らなくてはなりません。モノをうまく撮るには、魅力的な部分がどこなのかを熟知する必要があります。

例えば、泡の立つコーヒーを販売する場合、泡がメインなのか、コーヒーがメインなのか、マグカップがメインなのかで撮り方が異なります。泡がメインなのであれば、泡に近づいて鮮明に撮るべきですし、マグカップを映したいのであれば、全体が可愛く写るように撮るべきです。

写真の中でどの部分を強調すればよく見えるのか考えてみると、自ずと構図が決まってくるのではないでしょうか。

実際に撮った写真は、身近な人に感想を聞いてみて、何が一番に目に入ってきたか、どこが良くてどこが悪いか、確認をしてみるといいでしょう。こうした確認の機会を設けることで、どのように撮影すればいいのか次第にわかるようになります。自分の考えと他人が感じた印象を一致させることができれば、誰が見てもいい写真ができ上がります。

写真を撮るときはスマホで十分

いい写真を取るために、一眼レフなどを揃えたほうがいいのではないかと思うかもしれませんが、**基本的にはスマホで十分です。**

画質で差をつけたいとか、飲食店やアパレル経営のために商品のクオリティを鮮明に表現したい場合は別として、最初はスマホで上手に撮るコツをつかんでから、一眼レフを使うようにしたほうがいいと思います。

家の中で写真を撮ることもあるかと思いますが、生活感があるものが写りこまないよう、あらかじめ片付けておくことも大切です。

訴求力の高い
タイトルのつけ方

　人を惹きつける訴求力の高いタイトルをつけるためには、気をつけるべき次の5つのポイントがあります。

　①言葉を一工夫すること
　②悩みを解決する言葉を入れること
　③読み手を"刺す"言葉を入れること
　④興味を引く言葉を入れること
　⑤数字を奇数で入れること

① 言葉を一工夫すること

　漢字、カタカナ、ひらがなの使い分けなど、一見些細なことでも目にしたときの印象はずいぶん変わります。

　僕の場合は、まず自分の思いつく言葉だけでタイトルを書きます。投稿前に全体を見直し、「漢字が多いからひらがなやカタカナをもう少し入れてみる」とか、「人気があるアカウントではどういった表現をしているのか」など、一歩引いた視点からチェックします。漢字、カタカナ、ひらがなの割合は3対3対3を意識することで、読みやすいタイトルにすることができます。

　大切なことは、**自分の目指すべきブランディングに合わせて一貫した表現を使うこと**です。今まで淡々とした文章ばかり投稿していたアカウントが、ある日急にくだけた表現をするようになると、フォロワーを困惑させてしまいます。

② 悩みを解決するワードを入れること

　どういった内容が書かれているのかすぐに伝わるように、**体言止め**
（語尾が名詞で終わること）も意識しましょう。例えば、「やり方」
「ロードマップ」「戦略」「テクニック集」といったワードがおすすめで
す。僕が「〇〇の方法」「テクニック集」などの言葉を使うときは、「道
具」や「ツール」として使っています。どういうことかというと、「紹
介している方法やテクニックを使ったら、前よりちょっと成長できるん
じゃないか」というイメージをユーザーに持たせるために、体言止めの
言葉を使うのです。「今まで悩みの解決方法がわからなかったけど、こ
の道具を使うことによって、悩みを解決できるんじゃないか」と思って
もらうことができれば、投稿を閲覧してもらえます。

　イメージをしやすいワードは、「自分の悩みを解決してくれるのでは
ないか」「自分にもできるのではないか」という未来を思い描くことが
できるため、強く人を惹きつけます。

●体言止めでイメージをしやすく

●体言止めを使用したタイトル例

・借金60万大学生が月収1,000万円を安定させ
　るまでの道のり
・周りから求められる商品設計の極意
・起業を成功に導く自己投資のやり方
・0から月収100万円までの完全ロードマップ
・品出しが得意で起業する方法
・売らずして売れる最強セールス術
・初心者でもできるインスタ集客超攻略法

誰のために発信しているのか、対象を明確にすることをターゲットコールといいます。

例えば、「ビジネス初心者必見」「SNS集客できていない人のたった1つの特徴」という書き方をします。該当する人はまるで自分のことを言われているように思い、現状への解決策が書かれていることを期待し、投稿を見るようになります。「ビジネス初心者」「集客できていない人」などのように主語を明確にすることで、該当するユーザーの現在の状況を刺すことができるのです。

④ 興味を引く言葉を入れること

「借金60万円の大学生が年収1,000万円を達成するまでの道のり」「起業しても年収3,000円しか稼げなかった20歳がSNS集客を学んだ結果」のように、**あり得ないと思ってしまうようなタイトルにする**ことで、人の興味を引きつけることができます。

あるいは、「月収1,000万円を生み出した、売らずして売れるセールス術」といった意外性のあるワードも効果的です。セールスは自分から売り込まないといけないというイメージを持っているから、その意外性が人の興味を引きます。**人が当たり前だと思っていることを覆すワードを使う**と、意外性につながるのです。

⑤ 数字を奇数で入れること

偶数は割り切れる数字であるため、人為的に手が加えられていて不自然に整えられていると感じ、奇数は割り切れない数字のため、手が加えられていない自然な状態だと感じるのだそうです。そのため、**記事のタイトルに奇数を入れると印象に残りやすくなります。**

例えば、「月収 100 万円」というタイトルよりも、「月収 111 万」と書かれているほうがより現実味が出てきませんか。

　多くの人はキリのよさを考えて下一桁を 0 にしたり、繰り上げた数字にしてしまうものですが、実は具体的に数字を入れ、下一桁まで細かく記載したほうが効果的なのです。

効果的なハッシュタグの使い方

　ハッシュタグとはご存じの通り、SNS の投稿に対する「タグ」として使われ、ハッシュマーク（#）の後に特定のキーワードをつけることで投稿がタグ化されます。タグ化されることによって同じキーワードでの投稿を瞬時に検索し、趣味や関心が同じユーザー同士で話題を共有することができます。

ハッシュタグは難しく考えなくていい

　はじめにお伝えしておきますが、**ハッシュタグが投稿の認知を大きく左右することはない**ため、難しく考えず自分の投稿内容に合ったものをつけていきましょう。

　アカウント運用初期は当然フォロワー数も投稿数も少ないため、フォロワーが 10 万〜 100 万人近くいるアカウントに比べたら投稿したときに初速で見られる数は少なくなります。
　複数のアカウントがボリュームの大きいハッシュタグを使用して投稿した場合、初速がいいアカウントのほうがそのタグ内で伸びる仕組みになっています。最初のうちはあえて勝負を挑むようなことはせず、ボリュームが少なくマイナーなタグを多めにつけることが効果的です。
　ハッシュタグはたくさんつけてもあまり意味がないため、6 つくらいがちょうどいいでしょう。

ファンが増えるコンセプト作り

ハッシュタグは大・中・小で使い分ける

僕は、ハッシュタグを大・中・小で使い分けています。ハッシュタグにはメジャーなタグもあればあまり使われてないニッチなタグもあり、ユーザーの使用頻度はさまざまです。

その6つのうち1つは、投稿件数が10万件を超えているようなメジャーなハッシュタグをつけます。

次に、5,000〜1万件に満たないマイナーなハッシュタグを3つぐらいつけます。

最後に、メジャーとマイナーの中間に位置するハッシュタグを2つつけるというイメージで、大・中・小のハッシュタグをそれぞれ使い分けています。

投稿していくうちに、どういったハッシュタグが有効なのかわかってくると思います。**まずは自分が属しているジャンルにはどんなハッシュタグがあるのか、それらはどのぐらいの規模なのかを知ることから始めましょう。**

ただし、ハッシュタグの決め方に固執する必要はありません。なぜかというと、投稿ごとのデータ分析を行う際、どのハッシュタグからどのくらいの人数がその投稿に流入したのかまでは確認することができないため、時間をかけて考える割に合わないからです。

大切なのは、投稿内容に沿ったハッシュタグをつけることです。それ以上に深く考える必要はないということを覚えておいてください。

統一感はCanvaで作れる

アカウントを成長させるには、投稿の世界観を統一することが欠かせません。Instagramの投稿では、次の3つを意識しましょう。

①同じフォントの文字
②同じ色の文字を使う
③同じ色味・テイスト

毎回異なるフォントや色味を使っていると、フォロワーにどういった発信をしているアカウントなのか印象づけることができません。文字の

●Canvaの仕様（一例）

●Canvaでできること
・テンプレートを使ったデザインの作成
・作りたいデザインに合わせて自動で配色
・素材の追加と変更
・テキストの追加と変更
・背景色の変更

フォントと色味を毎回バラバラにしていると、発信内容がぶれているような印象を与えてしまうのです。ではどのように投稿の世界観を統一すればいいのかというと、僕は、**Instagram のテンプレートが豊富な「Canva」というデザインツール**を使っています。

Canva は SNS で使うデザインや、YouTube のサムネイルなどのデザインを作るのに最適です。

基本的に無料で全ての機能を使うことができ、操作が簡単でスマートフォンでもパソコンでも使用できます。

Instagram での投稿の際は、自分の写真や使用するフォントでほかのアカウントと差別化しますが、複雑な写真の加工はできなくても、Instagram で評価されるコンテンツを作るためのデザインは Canva で完成させることが可能です。

●使用するフォントが男性向けか女性向けか意識すること

男性向けのフォント

女性向けのフォント

画像に使うフォントは、男性がターゲットの場合はゴシック体で力強さを、女性向けなら明朝体でやわらかさをアピールして使い分けます。

Canvaでよく使われるフォント

・手書き風フォント
　カジュアルで脱力感のある書体が特徴。読み手に親しみやすい印象を与えることができる。
・ゴシックフォント
　飾りがなく、文字の太さが特徴的。視認性の高さが持ち味。力強い印象で目に留まりやすい反面、可読性は低いため長い文章には適さない。
・明朝体フォント
　とめ、はね、はらいが表現されているため、日本人に馴染みの深いデザインが特徴。可読性の高さが強み。ゴシック体に比べると読んでいて疲れにくく、長い文章にも適している。上品で繊細な印象を持つため、高級商材や女性向け商品の販促にも使いやすい。

市場に求められているデザインをリサーチする

　統一感を演出するために有用なCanvaですが、テンプレートが豊富でどれを選べばよいのか迷ってしまうこともあると思います。そのような場合は、Canvaのテンプレートをそのまま使うというより、**自分のロールモデルとなるアカウント**に近い**雰囲気を出せるようにCanvaを使ってみるといいでしょう。**

　どういったデザインが市場に求められているのかリサーチすることが、世界観を統一させるための近道です。

　誰に向けて発信するかによって、どのようなデザインを採用するかが

決まってきます。

　例えば、スピリチュアルや占い系の発信をしている人は淡い黄色や淡い水色、40〜50代の女性向けにメンタル系の発信をしている人は、濃い紫を使っています。20代の女性向けであれば、ベージュや淡いピンクを使っているアカウントが多い印象です。

Canvaはあくまで写真のサポート

　僕が受講生にアドバイスをするときは、「写真の素材で勝負しましょう」とお伝えしています。**毎回Canvaで色味を指定してデザインを作ると「作り込み感」が出てしまい、初心者感満載になってしまいます。**

　写真で統一感を出すための一例として、必ず太陽光のあるところで白のTシャツを着て、青空と草木が写り込むように撮ると、水色、黄色、緑色、白色が入った写真になるため、景色が違っても統一感が出ます。

　Canvaはあくまで写真のサポートであって、大事なのは写真の素材や撮り方、色味の統一感です。うまく使いこなして、自分だけの世界観を表現してみてください。

毎日投稿で露出アップ

Instagram では、投稿を見た人の数をリーチ数といいます。当然のことではありますが、リーチ数を増やしたほうがフォローされる確率も上がります。リーチ数の確認画面は 105 ページをご参照ください。

リーチとインプレッション

もう 1 つ、**リーチとともに計測される最も身近な指標が「インプレッション」**です。インプレッションとは、コンテンツがユーザーに表示された回数を表します。

●インサイトの概要画面

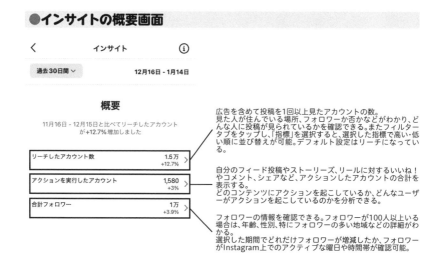

〈　　　　インサイト　　　ⓘ

過去30日間 ∨　　　　　12月16日 - 1月14日

概要

11月16日 - 12月15日と比べてリーチしたアカウント
が**+12.7%**増加しました

リーチしたアカウント数	1.5万 +12.7% 〉
アクションを実行したアカウント	1,580 +3% 〉
合計フォロワー	1万 +3.9% 〉

広告を含めて投稿を1回以上見たアカウントの数。
見た人が住んでいる場所、フォロワーか否かなどがわかり、どんな人に投稿が見られているかを確認できる。またフィルタータブをタップし、「指標」を選択すると、選択した指標で高い・低い順に並び替えが可能。デフォルト設定はリーチになっている。

自分のフィード投稿やストーリーズ、リールに対するいいね！やコメント、シェアなど、アクションしたアカウントの合計を表示する。
どのコンテンツにアクションを起こしているか、どんなユーザーがアクションを起こしているのかを分析できる。

フォロワーの情報を確認できる。フォロワーが100人以上いる場合は、年齢、性別、特にフォロワーの多い地域などの詳細がわかる。
選択した期間でどれだけフォロワーが増減したか、フォロワーがInstagram上でのアクティブな曜日や時間帯が確認可能。

●ビジネスアカウントに切り替えるための手順

①プロフィール画面を開く

②右上のメニューボタンをタップ

③「設定」をタップ

④「アカウント」をタップ

⑤「プロアカウントに切り替える」をタップ（図⑤）

⑥「次へ」をタップ

⑦当てはまるカテゴリを選択（図⑦）

⑧「完了」をタップ

⑨「ビジネス」「クリエイター」のどちらかを選択（図⑨）

⑩「連絡先情報の確認」「Facebookとリンク」は必要に応じて選択

⑪ビジネスアカウントへの切り替え完了

⑤
←	アカウント

言語

キャプション

ブラウザーの設定

不適切なコンテンツのコントロール

連絡先の同期

他のアプリへのシェア

モバイルデータの使用

元の投稿

認証をリクエスト

アクティビティを確認

ブランドコンテンツ

プロアカウントに切り替える

新しいプロアカウントを追加

⑦
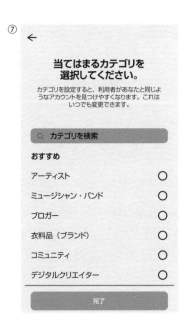

⑨

102

63 ページでご紹介した通り、Instagram は無料の分析ツール「インサイト」を提供しており、いずれの指標もインサイトから確認することができます。**なお、インサイトを使うには、Instagram をビジネスアカウントに切り替える必要があります。**

リーチとインプレッションの測り方としては、アカウントを訪問してくれた A さんが 2 つのコンテンツを見てくれたら、1 リーチ・2 インプレッションとなります。

投稿を見てもらったうえでフォローもしてもらうためには、さまざまなアカウントに自分のアカウントが表示されるように仕向ける必要があります。

リーチを増やしたいのであれば、毎日投稿することが欠かせません。1 週間に 1 回しか投稿しない人と 1 週間に 7 回投稿している人では、当然 7 回投稿した人のほうがリーチを増やすことができます。毎日投稿することで、自分のことを見てもらえる回数が増えるのです。

ただし、**優先順位としては、ただリーチ数を稼ぐための投稿を毎日するよりも、時間がかかってもいいのでクオリティの高い投稿を週に 3 〜 4 回発信するべきです。**

お客様の悩みから投稿内容を考える

投稿内容の考え方については、お客様の「悩みリスト」を作っておくと便利です。自分の販売するコンテンツにおいて、お客様はどういったことに悩んでいるのかリサーチすることで、そのリストをもとに日々解決する悩みを決めていきます。

リサーチ手段については、「Yahoo!知恵袋」や「教えて!goo」といった相談サイト、Amazon のレビューなど、身近なところからリサーチすることができます。

ファンが増えるコンセプト作り

例として、ダイエットについての悩みの場合は前述の相談サイトなど
で「ダイエット」と検索します。すると、「簡単で長続きするダイエッ
ト方法はないですか？」といった質問が寄せられています。これにより、
「お客様はお手軽なダイエット方法を求めているのだな」ということが
わかるため、そのニーズに応えるための投稿をしていきます。

　この作業を繰り返すことで、**悩みリストを 30 個ほどストックでき
ます**。

　ほかのライバルアカウントでは、どのように悩みを解決しているのか
チェックしてみるのもいいでしょう。**解決のためのアプローチを自分な
りの言葉に置き換えて考えていくと、悩みに対するオリジナリティのあ
る解決方法が見つかります**。

●リーチ数の確認画面

< リーチ

カスタマイズ ∨ 　　　　12月16日 - 1月14日

15,759
リーチしたアカウント数

11月16日 - 12月15日と比較して +12.7%

フォロワーとフォロワー以外
リーチベース

6,780 　　　　　　　　　　8,979
フォロワー ●　　　　　　● フォロワー以外

あなたをフォローしていなかったアカウントのリーチ件数が、11月16日 - 12月15日と比べて +5.7% 増加しました。

コンテンツのリーチ ⓘ 　　　　すべて見る

リール動画
　　　　　　　　　　　　　　　　1.4万

ストーリーズ
　　　　　　　　　　　　　　　　5,262

動画
　　　　　　　　　　　　　　　　4,889

投稿
　　　　　　　　　　　　　　　　1,423

ライブ動画
　　　　　　　　　　　　　　　　1,194

● フォロワー 　　　● フォロワー以外

インプレッション 　　　　　　　230,393
　　　　　　　　　　　　　　　　0%

フォロワーをファンにする ストーリーズ投稿

　Instagram で「この人から商品を買いたい」と思ってもらうためには、ファン化が欠かせません。そうはいっても、同じようなアカウントや投稿が並ぶ中でファンを増やしていくのは至難の業です。

　そこで使えるのがストーリーズです。ストーリーズからファン化するための 3 つのテクニックを解説していきます。

　①価値観 + アンケート戦略（1 日に 1 回投稿）
　②物語戦略（2 〜 3 日に 1 回投稿）
　③質問箱戦略（週に 1 〜 2 回投稿）

　これらのテクニックはそれぞれ独立しているというよりも、組み合わせて使うことで相乗効果を発揮します。1 つずつ説明していきます。

① 価値観 + アンケート戦略（1 日に 1 回投稿）

　1 日に 1 回、自分の価値観を共有しつつ、アンケートを取ります。価値観の内容はただ思ったことを共有するのではなく、**フォロワーを自分に惹きつけることを目的に発信します。**

　どういった価値観を発信すればいいのかわからないという人は、文章を 1 から自分で考えるのではなく、ビジネス系の発信をしている人や自分のロールモデルとなる人の Twitter を参考にしましょう。

　Twitter で積極的に情報を発信している人は 1 日に 10 回前後投稿していることが多いため、その中で自分に刺さった投稿を自分の言葉に置き

換えて発信することで、フォロワーに広く深く届けることができます。

　価値観を伝えた後は、アンケートを取ります。ただアンケートを取るのではなく、スタンプでリアクションをしてもらいます。

　例えば、「継続しようと思ってできる派？　できない派？」というアンケートに対して、「できる」という方は親指を立てるスタンプ、「できない」という方は、泣いている顔のスタンプを送ってもらうようにしています。

　これにより、答えてくれた人からDMが届きます。**DMがたくさん届くことによって、Instagramのアルゴリズムの関係からアカウントの評価が高くなり、「ホーム率」が上がります。**

　ホーム率とは、フォロワーのホームに自分の投稿の内容が表示されるようになることです。ホーム率が上がると投稿が見られる回数が多くなり、さらにリアクションが増えることで新規の方にも投稿が届きやすくなります。

（②物語戦略（2～3日に1回投稿）

　ストーリーズを使うときに陥りがちな失敗として、**単体の投稿で完結させてしまっているため、複数のストーリーズに関連性がない**、ということが挙げられます。

　ストーリーズに関連性を持たせたい場合は、次の流れを意識して組み立てましょう。

❶悩みの代弁

　まずはお客様の悩みを代弁するところから始まります。なぜこの工程が必要なのかというと、**基本的に人の悩みというのは潜在化されている**

ことが多いからです。

　自分では気づいていないけど、無意識の部分に潜む悩みを顕在化させてあげることによって、今後その人に向けて発信する悩みの解決方法やノウハウを、自分ごととして捉えてもらうようになるわけです。

　例えば、以下のような形でストーリーズをあげることで、悩みの代弁をすることができます。

●悩みの代弁

●アンケートで悩みを洗い出す

❷アンケートでお客様の悩みを洗い出す

　悩みの代弁ができたら、次はその悩みが「いかにアナタ以外の人も悩んでいるのか」を客観的数値を用いて示していきます。例えば上記のようにアンケートをとることで、説得力を持たせながらほかの人が悩んでいることを示せます。

　このような客観的数値を用いることによって、「①悩みの代弁」のフェーズで顕在化された悩みを、より深くお客様に突きつけることができ

ます。これにより、その後の危機感の増幅やノウハウを語る部分が響く
ようになっていきます。

　**集客において大事なことは、自分で作り出した数値や情報を見せるの
ではなく、お客様が示した客観的な数値や評価を見せることです。** 常に
客観的数値を用いて集客することを意識していきましょう。

❸危機感を増幅させる

　アンケートで悩みを洗い出した後は、その悩みを放置すると起こって
しまう、最悪のデメリットを提示するフェーズになります。
　**人は自分に起こるメリットよりもデメリットの方に過敏に反応する生
き物です。** この心理効果をプロスペクト理論ともいいますが、①②で
提示した悩みを放置するとどうなるのかを丁寧に説明しましょう。
　例えば、僕の場合は以下のように説明しています。

●デメリットを提示する

●再びアンケートをとる

ここでまたアンケートをとっていますが、これは何か情報を受け取った際、視聴者にアクションをしてもらう癖をつけるという意味で行っています。「自分の悩みを放っておくとダメなんだ」と思わせるテクニックの１つでもあります。

❹ノウハウを語る

この段階ではじめてノウハウを語っていきます。**ここまでの前置きを丁寧に行っているので、お客様は悩みを解決してくれるノウハウを喉から手が出るほど欲しいわけです。**

●ノウハウを語る

●商品の紹介

僕の場合は、悩みを解決するためのノウハウを上記左画像のように書いています。締めくくりとなる文章としては、「⑤解決してくれる商品を紹介」につながるように書くことができると、離脱を防ぎながら次のストーリーに移動してもらうことができます。

❺解決してくれる商品を紹介

ノウハウを紹介した後は、そのノウハウがまとまった商品や、お客様の悩みを解決する商品を紹介していくフェーズに入ります。例えば、僕の場合はライブ配信が苦手だという方に対して、ライブ集客のやり方を「ライブローンチ手法」と名付けて紹介をしています。

ただここで注意しなければならないのは、**このタイミングで購入リンクや誘導リンクを貼ってはいけない**ということです。理由としては、この後のフェーズである権威性と限定性を持たせるまで、**欲しいと思っても我慢させることによって圧倒的な集客力を実現できる**からです。

❻口コミなどで権威性をアピール

商品を紹介したときのよくあるケースとして、その商品をいくら自分で絶賛したところで、「どうせ売りたいだけだから、自分でいいように

● **第三者の意見によって商品の信頼性を担保する**

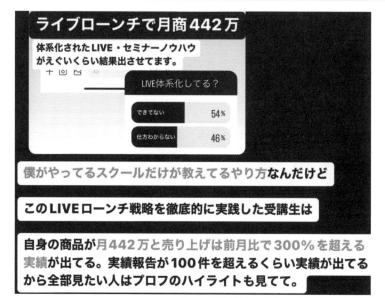

言っているだけでしょ？」と思われてしまうことがあります。このように思われてしまうと、お客様に対しての訴求力がなくなってしまいます。

　そこで、**自分以外の第三者の意見を提示することによって、一気に商品の信頼性を担保することができます。**

　普段から商品の口コミをハイライト機能に掲載しているならば、なおいいです。このタイミングでハイライトの口コミを見せることによって、一気にお客様からの信頼の獲得につなげることができます。

❼「今だけ限定で〇〇円引き」と限定性を持たせる

　低単価商品を扱う場合は、「今だけ限定〇〇円引き」として訴求することをおすすめします。

　高単価商品を扱う場合は、その場で商品は売らず LINE 公式アカウントや無料セミナーへの誘致を行うようにしています。時間、参加人数を限定することによる制約条件と、DM でのフォロワーからの声などをセットで載せるようにしてあげると効果は抜群です。

　上記の流れを踏まえたストーリーズをハイライトに置いておくことで、後から投稿を見た人にも買ってもらうことができます。また、LINE 登録の誘導にも効果的です。

③ 質問箱戦略（週に１〜２回投稿）

　フォロワーが実際にファンになってくれているかを確認するには、質問箱を置くと効果的です。 フォロワーから質問を募ったときに、順調にファン化を進めることができている人は自分の人柄やプライベートに関する質問が多く、進められていない人はノウハウに対する質問が多くなります。

　今現在自分はファン化を進めることができているのか、質問箱を使って確認してみましょう。

●質問の範囲を絞る

注意点としては、ただ**「何でも質問があればどうぞ」というだけでは、フォロワーは何を質問したらいいのかわかりません。**

「SNS集客のノウハウやプライベート、どちらでも気になったことを質問してください」と、質問の範囲をある程度指定することで、どういった質問をすればいいのか明確にすることができます。

　細かいポイントではありますが、次のストーリーズを見るときは画面右下をタッチするため、**質問箱を画面右下に設置することで、回答率を上げることができます。**

　これらの戦略を意識することで、ストーリーズの閲覧率を5〜10％ほどアップさせることができます。

フォロワーをファンにする リール投稿

　僕は今までInstagramを運用してきた中で、リール動画での1万回再生を10本以上発信していますが、検証をしてみてわかったことがあります。それは、Instagramのアルゴリズムを意識して優遇されるような動画を投稿しないといけないということです。

　リール動画を攻略するうえで必ず意識してほしいのは、フル再生率です。フル再生率というのは、総再生数のうち何回が最後まで視聴されたかを割合で表したものです。**「最後まで見られている＝動画が面白い」**と評価されるため、アルゴリズムで優遇されやすくなります。

リール動画を作るときのポイント

　思わずクリックしたくなるリール動画を作るためのポイントは、次の3つです。

　①単調にならないこと
　②再生回数を追わないこと
　③認知目的か教育目的か明確にすること

①単調にならないこと

　単調にならないために大切なことは、**毎回同じような動画を出さないこと**です。いつも同じようなパターンで同じようなことを話しているだけでは、見ている人も飽きてきます。

　Instagramには**常にコンテンツがあふれているため、一度つまらない**

と思われてしまったら二度と見てもらえないと思っておいてください。

　単調にならないための1つの例として、僕は「前職の経験を活かして月収アップ」という動画を出しています。お客様の具体的な職業を指定して「この職業の場合にはこんな成功例がある」と語ることで、サービスを購入したらどう変わるのか、どのような未来が待っているのか具体例を示すことができます。

　また、自分自身が話しているということそのものが、オリジナルのコンテンツを作ることにつながります。**ロールモデルと同じ話し方、同じ言葉、同じ間の取り方で情報を発信しても、コンテンツの劣化版にしかなりません**。アナタが話しているということが、唯一無二の情報発信となるのです。

②再生回数を追わないこと
　集客を目的としたリール動画では、再生回数を追う必要はありません。実際僕のリール動画も再生回数を追っているわけではなく、目的に合わせて再生回数を調整しています。3,000～5,000回、5,000～7,000回、1万回以上の再生回数が取れる動画というように、目的に応じて使い分けて投稿しています。

　自分がどのような目的で情報を発信するのか明確にすることで、次第にどのくらいの再生回数が理想的なのかわかるようになります。

③認知目的か教育目的か明確にすること
　教育を目的としたリールでも、1万回以上の再生回数を狙う必要はありません。教育目的のリールはその情報を必要としている人だけに刺さればいいのです。不特定多数の人に見てもらえたとしても、誰にも刺さらない動画になってしまっては教育という目的は果たせません。

　前述の再生回数が5,000～7,000回を目安にしたリールは、認知と

教育の中間に位置する動画です。自分の価値観や考え方を発信しつつ、共感や新しい発見など伸びそうな話題を入れることで、認知を取りつつ教育も狙っていきます。

　1万回以上再生されているリールは、明確に認知を増やす目的で発信します。「SNS初心者が月収500万円以上になるまでにやった3つのこと」といったタイトルで、**自分の経験をもとにして、なおかつ収入面の訴求をすることで再生回数を一気に伸ばすことができます。**

　僕の場合は事前におおよその再生回数をイメージしたうえでリールを作り、再生回数をコントロールするようにしています。リールを認知目的に使う場合は、音楽と自分が撮った動画を15秒ぐらいにまとまるよう編集して投稿します。

　ほかには、インスタライブの切り抜きもリールとして使用することができます。インスタライブのアーカイブから切り抜きを取って、おおよそ1分半前後にまとめることで、ライブで話したノウハウなどをライブを見ていない人にも届けることができます。
　ライブをやっていない人の場合は、自分で台本を書いて1分半前後にまとまるよう話してみることで、インスタライブの練習にもつながります。135ページのインスタライブの話の構成も参考にしてみてください。

　Instagramで集客をしようと思ったら、アルゴリズムに左右されるのではなく自分でコントロールできるようになることが重要です。

　以上の3点が、思わずクリックしたくなるリールの作成ポイントです。

リール動画を作るうえでの4つの注意点

このほかに、リール動画を作るうえで気をつけている4つの注意点を
ご紹介します。

①具体的な数字を入れる
②カットは多めに
③漢字・カタカナ・ひらがなのバランス
④マイナス訴求

(① 具体的な数字を入れる)

「SNS集客のスキルを身につけてわかったこと」
「SNS集客のスキルを身につけて120万円稼いでわかったこと」

●具体的な数字で興味を引く

▶ 1.1万

上記2つのタイトルの投稿があっ
た場合、どちらの投稿を見てみたい
と思いますか？　おそらく多くの人
が後者を選ぶのではないかと思いま
す。タイトルに具体的な数字を入れ
ることで、見ている人に具体的なイ
メージを持ってもらうことができ
ます。

　大げさに聞こえるかもしれません
が、**リールは最初の2秒で決まり
ます。**
　リールは短い動画ですぐにチェッ

クすることができるため、最初の2秒のインパクトに加えて**興味を引く
タイトルでなければクリックしてもらうことはできません。**

② カットは多めに

　リールのポイントは歯切れの良さと軽快さです。なるべくテンポよく、
黙っている間がないリール動画を作ってみてください。

　短い時間で多くの情報量を入れるためにも、カットは多めに入れましょう。僕が今まで分析してきたデータでは、**動画内のカット回数と画面
の切り替わる数が多いほど再生回数が増える**ことがわかっています。
　カットが多い分、情報量が多くなるため、視聴者は一度で整理しきれ
ず、動画の内容を理解できるまで何回も見るようになります。

　また、短く表現できるところは短くすることもポイントです。例えば、
「させていただく」という言葉は「する」に言い換えるだけでも、端的
に伝わりやすくなります。
　短くするのはタイトルも同じです。13文字以内にまとめて、なおかつ
無駄な表現や言葉をなるべく削っていくようにすると、思わず見たくな
るリールのタイトルができあがります。

③ 漢字・カタカナ・ひらがなのバランス

　**リールは音を出さずに見る人が多いので、基本的にテロップを入れて
作成しましょう。**面倒に思うかもしれませんが、このひと手間を加える
だけで再生回数に圧倒的な差が出ます。音が出せない環境でも視聴者が
みてくれるようになりますし、字幕を目で追ってくれることで最後まで
再生されやすくなります。

　テロップを入れるときに重要になってくるのが、漢字・カタカナ・ひ

らがなのバランスです。

　高校時代の漢文の授業を思い出してみてください。漢字ばかりで目が疲れて、どこまで読んだのかわからなくなったり、内容が頭に入ってこなかったりした人が多いのではないでしょうか。

　リールも同じように、タイトルやテロップに漢字が続くと直感的に見にくいと感じてしまうため、最後まで見てもらうことはできません。当然カタカナやひらがなばかりでも読みにくいため、バランスを意識してテロップを作成しましょう。

④ マイナス訴求

　マイナス訴求とは、第3章でお話しした「プロスペクト理論」をもとにしています。人は得をするより損をしたくない欲求のほうが強いというお話をしました。

　簡単な例ではありますが、**「集客できるアカウントの特徴」** よりも **「集客できないアカウントの特徴」と書いてあるタイトルのほうが興味を引くことができます。** これがプロスペクト理論に基づいた心理です。

　マイナス訴求を取り入れるには、ネガティブ要素を意識してタイトルを作りましょう。例えば、人は危機感、恐怖、嫉妬などのネガティブ要素をなるべく避けたいと思うものです。

　焦りや恐怖を伝えるときは、解決策も同時に提示することが大切です。さらに、その解決策が信頼できるものだと証明するために口コミや実績など根拠となるデータを揃えておくと、より信頼度が高くなり訴求力が強くなります。

　視聴者に「損をしたくない」と感じてもらったうえで、その悩みを解決できる商品を提示し、信頼できる根拠をもとに紹介することで、購入してもらえる確率はグッと高くなります。

ファンが増えるコンセプト作り

フォロワーをファンにする フィード投稿

　フィード投稿の役割はアカウントの世界観を作ることにあります。ユーザーがプロフィールを閲覧したときに、10枚の画像投稿が簡潔にまとまっていれば、「このアカウントは有益な情報を発信している」という印象を持たせることができ、フォローにもつながります。

ポイントは保存したくなる投稿であること

　自分の扱うコンテンツを10枚の画像投稿で網羅的に見せることができているか、タイトルから投稿内容まで一貫性を持たせられているかを意識して、世界観を作り込んでいきましょう。

　フィード投稿で最も重点を置くべきポイントは、「保存したくなるような投稿かどうか」です。SNSにおいて誰かをフォローするのは、その人のファンになったからではなく、「有益な情報を発信しているから」という場合が多いのではないでしょうか。

　Instagramの運用初期である最初の2〜3カ月は、フィード投稿を積極的に行いましょう。比較的短い時間で完結するリールでも1分は必要なため、そのうえ「フィード投稿をしない人」というイメージを持たれてしまうと、ファンはつきにくくなります。

　10枚の画像を使ったフィード投稿を30回ほど投稿することで、自分の世界観を作り込むとともに、ユーザーに「フィード投稿に力を入れている人」というイメージを与えられます。

●フィード投稿で画像を網羅的に見せる

1枚目

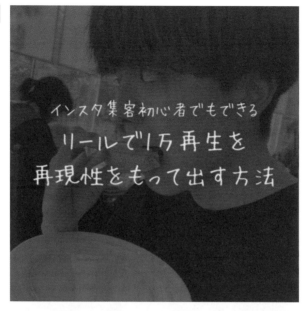

2〜10枚目

データ分析でアルゴリズムをハックする

　Instagram のデータ分析（インサイト）を活用すると、今まで見えていなかった事実が見えるようになります。ポイントは大きく 3 つに分けることができます。

データ分析で意識したい 3 つのポイント

①投稿時間
②ユーザー属性
③投稿内容の評価

①投稿時間

　慣れない間はどの時間帯に投稿すればいいのか迷ってしまうかもしれませんが、**インサイトを確認することで、アクティブユーザーが多い時間帯がすぐにわかります。**

　インサイトの画面から一番下までスクロールすると、どの時間にユーザーが活動しているのか一目でわかります。
　次ページの画像からは、土曜日の 18 時から 21 時までの間に Instagram を見ているフォロワーが多いことがわかるため、この時間帯に投稿することでより多くの人に見てもらうことができます。

●インサイトでアクティブユーザーが多い時間帯を分析

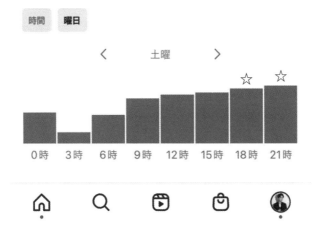

(②ユーザー属性)

　Instagramの利用比率は男女ともに同じくらいですが、どちらかというと女性のほうがよりアクティブに投稿をチェックしている印象があります。ユーザー属性としては、**20代後半から子どもが小学生や中学生くらいの40代女性**は、特にInstagramをアクティブに使っています。

　なぜ女性が積極的にInstagramを使っているのかというと、ほかのSNSよりも豊富にコミュニケーションを取ることができるツールだからです。

　TikTokやYouTubeは自分が投稿していないとコミュニケーションが取りにくいことも多々あるのですが、Instagramは見る専門のアカウントでもコミュニケーションを取りやすいという特徴があります。

4

ファンが増えるコンセプト作り

●インサイトでフォロワーのユーザー属性を分析

性別
(フォロワー)

52.3%
男性 ●

47.6%
● 女性

③ 投稿内容の評価

　投稿内容の評価とは、1 つの投稿がどのくらいの Instagram ユーザーに届いたのかを分析することです。その投稿がよかったのか悪かったのかを評価することにより、今後の投稿に活かすことができます。

　投稿内容の評価を確認するときに、指標となる数値を次のページで表にまとめました。

インサイトの数値で特にチェックが必要なもの

　インサイトの数値の中でも、特に**ホーム率、保存率、プロフィールアクセス率、フォロワー転換率**の 4 点は入念にチェックしましょう。
　この 4 つの数値は直接インサイトの管理画面には表示されません。それぞれの数値をインサイトの管理画面で確認し、自分で計算する必要が

●投稿内容の評価を確認するときに指標となる数値

ホーム率	●既存のフォロワーのうち、何人が投稿を見ているかの割合 ●目安：40〜50％ ●計算式：ホーム数÷フォロワー数
保存率	●投稿を見た人のうち、その投稿を保存した人の割合 ●目安：2〜3％ ●計算式：保存数÷リーチ数
プロフィール アクセス率	●投稿を見た人のうち、アカウントのプロフィールを見た人の割合 ●目安：3〜5％ ●計算式：プロフィールへのアクセス数÷リーチ数
フォロワー 転換率	●プロフィールを見た人のうち、アカウントを実際にフォローした人の割合 ●目安：6〜8％ ●計算式：フォロワーが増えた数÷プロフィールへのアクセス数

あります。

　まずは**ホーム率**です。既存のフォロワーのうち何人が投稿を見ているかの割合ですが、**40 〜 50％**あれば十分だと言われています。

　保存率は、投稿を見た人のうち、その投稿を保存した人の割合です。**2 〜 3％**ぐらいあると理想的とされていますが、保存されてないからといってユーザーに響いていないわけではありません。保存率はファン化を示すことができる貴重な指標の1つです。

　投稿を見た人のうち、アカウントのプロフィールを見た人の割合を**プロフィールアクセス率**といいます。フィード投稿からプロフィールにアクセスされた数値のみ表示されるため、リールの数値はカウントされて

いませんが、**3 〜 5％**を目指しましょう。

　最後に**フォロワー転換率**です。プロフィールを見た人のうち、実際に
アカウントをフォローした人の割合を表します。**6 〜 8%**取れるように
目指していくといいでしょう。

　ただし、何度も言いますがこれはあくまでも参考値であり、この数値
が達成できていないからといってアカウントを新たに作る必要はありま
せん。
　数値だけに捉われた運用をしているとその温度感はフォロワーに伝わ
り、新しいアカウントを作っても、結論は同じになってしまうだけです。
何度も言います。インスタ運用は楽しむものです。

第 5 章

目の前のお客様に届ける 「インスタライブ」

インスタライブの機能と配信方法

　人が信頼関係を築くためには、どれだけ一緒の時間を過ごしたかが大切になります。同じように、たとえビジネス目的で Instagram を運用する場合においても、信頼関係を構築する必要があります。

インスタライブで信頼関係を構築

　Instagram にはさまざまな機能がありますが、リールは 1 分半、ストーリーズは最長で 1 分、フィード投稿なら早くて 10 〜 20 秒ほどで視聴が完了してしまいます。

　これらの機能と比較して、ユーザーと時間を共有するという点において、インスタライブは最も優れています。最長で 4 時間の生配信ができるため、**信頼関係を構築するためにはインスタライブが一番合理的で結果が出るのが早い**といえます。

　考えてみてください。2 時間の YouTube と 2 時間のライブ配信、どちらが視聴するハードルが低そうですか？　圧倒的にライブ配信ではないでしょうか。

　ライブ配信をスタートするときというのは、基本的に終わりの時間を決めてスタートすることはありません。視聴者の方も、「とりあえずちょっとだけ見ようかな」と気軽に視聴してくれます。話が面白かったり、その人に対して深く共感をしたりすることができれば、気がつけば 2 時間が経っていたということもよくあるわけです。

●インスタライブの配信方法

Instagram ⊕ ♡ ▽

① タイムラインの右上の「＋」マークから新規投稿画面を開く
② 画面下のメニューからライブ画面に切り替える
③ 中央のシャッターボタンをタップするとライブ配信が始まる

タップするとライブ配信を始めることができる

●タイトルの入れ方

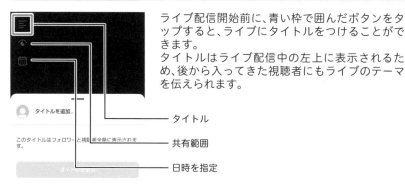

ライブ配信開始前に、青い枠で囲んだボタンをタップすると、ライブにタイトルをつけることができます。
タイトルはライブ配信中の左上に表示されるため、後から入ってきた視聴者にもライブのテーマを伝えられます。

― タイトル

― 共有範囲

― 日時を指定

●共有範囲の設定

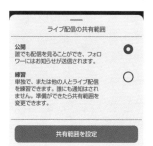

ライブは自分で公開範囲を設定することができます。いきなり配信を開始することに抵抗がある人は、誰にも見られない設定で、練習から始めることもできます。

フィード投稿ではインスタライブの開催をお知らせする投稿をします。さらに、その投稿に「イベントタグ付け機能」を利用してイベント情報を追加します。

　イベントタグ付け機能を使うと、ユーザーが気になったイベントを見逃さないようにリマインダーを設定することができます。また、リマインダーをオンにすることで、イベントの開始15分前にユーザーへ通知が届くため、見逃しが防げます。

●日時を指定

「日時を指定」をタップすると、動画のタイトルや開始日時を設定することができます。また、開催予定のライブ配信の日時を最大90日前から告知できるようになります。

コメントの固定も有効

　インスタライブでよく使うのは「コメントの固定」です。**画面上にコメントを固定しておくことで、視聴者は自然とそのコメントに目がいきます。**

　セミナーへ誘導したいときや勉強会の告知をしたいときなどに「LINEに登録してメッセージを送ってください」という内容のコメントを固定しておくことで、LINEに誘導することができます。

インスタライブに適した時間帯

インスタライブに適した時間帯は、ターゲットにより異なります。例えば、主婦の方がターゲットならば、14 時過ぎなど子どもがお昼寝したタイミングで始まるようにすると視聴しやすくなります。

夜にインスタライブを始めるときは、夕飯を食べ終わった後や仕事が終わったタイミングでも間に合うように 21 〜 23 時にスタートしましょう。**遅くても 24 時までには終わらせるとユーザーは視聴しやすくなります。**

事前に告知する

できるだけ多くのユーザーにインスタライブを視聴してもらうためには、事前告知が重要になります。フィード投稿を使ってインスタライブの告知をすることができます。

だいたい**ライブを始める 3 時間以上前には告知をしておくことをおす**すめしています。

好印象を与えるライブ環境

今まで身の回りにある機材でインスタライブをしていた人もいるかもしれませんが、ライブの環境を整えると、視聴者に与える印象をガラッと変えることができます。

必要な機材は、Instagram のアプリがインストールされているスマートフォンと、スマホを立てる三脚で十分です。3,000 〜 4,000 円台の三脚で問題なく使用できます。

夜でも明るい場所でライブをしたいのであれば、肌と同じようなオレンジ色のライトを用意することで、顔色のよい状態でライブができます。

ライブをするときの服装を固定することで視聴者の印象に残りやすくなります。服のテイストを統一し、メガネやアクセサリーなどのトレードマークとなるアイテムを身につけて上手に自分を印象づけましょう。

その場で見ている "アナタ" を
一番大事にする

　インスタライブで、「自分が話さなくては」と意識してしまうと、視聴者を置き去りにしてしまうことがあります。**視聴者としては、置いていかれるライブほどつまらないものはありません。**

まずは目の前の1人に届ける

　インスタライブを始めたばかり、あるいはこれまでやったことがないという人が、いきなり視聴者に興味を持ってもらう話し方をするのは難しいと思います。見ている人全員に届けようという気持ちは捨てて、まずは**目の前の1人に対して届けることができればいい**、と考えてライブをやっていきましょう。

　1つのテクニックとして、「質問がある人はコメントを書いておいてくださいね」とか「今までの話で確認したいことはありますか?」というようにその都度コミュニケーションを取ることで、視聴者を置き去りにせずライブを進められます。

　一生懸命な人ほど「自分が話さなくては」「沈黙を埋めなくては」と考えてしまいますが、**見ている人が今現在どういう反応をしているのか意識する**と、自然と視聴者を気遣う発言ができるようになります。

　また、視聴者が今まさにしていそうな行動を言語化することで、「この人は私のことを見てくれているんだな」と親近感を抱いてくれます。

　例として、ノウハウを発信するインスタライブでコメントが少ないときに、「もしかして皆さん、今僕が言ったことをメモしていましたか?」

などと聞いてみると、「今までずっとメモしていました！」というコメントがくることもあります。

視聴者数が少ないことはプラスになる

アカウント運用初期はインスタライブをやってもなかなか人が集まりませんが、視聴者数が少ない状況をプラスに捉えることもできます。

見にきてくれた人全員に名前を呼びかけ、質問には1つ1つ丁寧に答えていくといったことは、視聴者数が少ないからこそできるのです。

丁寧に対応することによって、視聴者に「フォロワーを大切にしてくれる人」というイメージを持ってもらうことができれば、今後ファンになってくれる可能性が高まります。

また、視聴者数が少ないことにはもう1つメリットがあって、視聴者の発言やいつもどんなことをコメントしてくれているかを記憶できるということが挙げられます。

視聴者は、「まさか自分が以前に言ったことを覚えてくれているはずがないだろう」と思っているので、その考えを一気に上回ることができます。

当然のことですが、そういう細かな気遣いはSNSだけではなく普段の人間関係と同じように大事にしなければいけません。このような丁寧な対応をすることで、視聴者に「フォロワーを大切にしてくれる人」というイメージを持ってもらうことができれば、今後ファンになってくれる可能性が大いにあります。

SNSだからといって普段の生活において大事なことを忘れるのではなく、**SNSも日常も結局は人と人のつながりであるということを忘れずにいきましょう。**

1回5分で
完璧じゃなくても大丈夫

インスタライブを始めるときは、いきなりスラスラと話すことを目指すのではなく、上手にできなくても前に一歩踏み出すことが大切です。手始めに、毎日1回5分でいいのでインスタライブをやってみましょう。

毎日5分でも続けることで、「この人は毎日ライブをやる人だ」という印象を残すことができます。

毎日続けることで習慣化する

僕のSNSマーケティングスクールの受講生に、毎朝5〜10分のインスタライブをやっている人がいます。特にノウハウを語るわけでもなく、ただフォロワーとコミュニケーションを取っているだけのときもあるようですが、それだけでもファンの親密度が変わってくるものです。

インスタライブを継続するためには、**朝起きたらライブをする、夕飯を食べたらライブをするなど、日常の中に組み込んで習慣化する**と次第に抵抗がなくなります。自分の日常の一部にすることで、フォロワーにとっても自分のライブ配信が日常となります。

インスタライブの話の構成

　インスタライブに慣れてきて話すことにも抵抗がなくなってきたら、ぜひ 30 分〜 1 時間ぐらいのライブ配信にチャレンジしてみてください。

　30 分以上のライブに慣れていない人は、台本を作ってから配信をしてみましょう。はじめのうちは話の構成を忘れてしまったり、緊張して言うべきことが言えなかったりするので、慣れるまでは台本を書いて言いたいことを伝える練習をしていきましょう。

話の構成は 5 つの流れを意識する

　台本といっても、一言一句全て文字起こしする必要はありません。話の構成は、次の 5 つの流れを意識すると組み立てやすくなります。この順番のとおりに話す流れを決めて台本を書いていくと、20 分ほどのインスタライブ（配信）ができます。

　①スタート → ②タイトル → ③興味づけ
　→ ④結論（本題）→ ⑤まとめ

① スタート

　開始直後はいきなり本題に入るのではなく、人が集まるまでは 1 人 1 人とコミュニケーションをとって信頼関係を構築する時間にしましょう。

　いきなり具体的な内容を話し始めると、ノウハウばかりで隙のない印象を与えてしまいます。

スタート直後の問いかけとしては、「こんばんは、音声は聞こえていますか？　聞こえていたらコメントください」と呼びかけるのがおすすめです。そうすることで、**視聴者にコメントする癖がつきます。**

あるいは「〇〇さんいつもきてくれてありがとうございます」「〇〇さんこんばんは」と、視聴者の名前を1人1人呼んで手を振ります。

はじめて見にきた人がいる場合は、「初見の人はコメントください」などと伝えてリアクションを促すことで、はじめて見にきてくれた人を置き去りにすることなく巻き込めます。

人というのは、時間や費用をかけた分のリターンが欲しいと思う生き物です。ギャンブルなどでも、賭けた分は絶対に取り戻したいと思う人が多いのではないでしょうか。このように、「これまで頑張ってきたのだから、ここで辞めるのはもったいない」という気持ちになることを**サンクコスト効果**といいます。

Instagramにおいてのサンクコスト効果は、視聴者にアクションを起こしてもらうことです。**視聴したインスタライブにコメントをすることで、「この後にコメントを読まれるかも」という心理が働き、途中で離脱することなくライブを視聴してくれます。**これにより1人あたりの視聴時間が長くなるだけでなく、視聴者の印象に残りやすくなります。

②タイトル

「今日はInstagramでの魅力的な投稿というテーマで話していきます」のようにタイトルを簡潔に述べることで、**今日のライブがどういったテーマなのか視聴者に伝えます。**③の興味づけにも関連するため、タイトルは必ず伝えるようにしましょう。

インスタライブのタイトルをマインドセット系の言葉にしている人が
いますが、抽象的でぼんやりとしているため、訴求力が低く視聴者が集
まりにくくなります。タイトルには有益性が伝わるような言葉を意識し
て入れましょう。

例えば、「起業して成功するためにやってきたこと」などのマインド
セット系のタイトルよりも、「SNSでゼロから2カ月でお問い合わせが
止まらなくなった方法」といったように、**具体的な方法論や有益なノウ
ハウであることがわかるタイトルにしたほうが視聴者は多く集まります。**

③ 興味づけ

視聴者がライブを最後まで見ることのメリットや、現状抱えている悩
みを言語化することで興味を引きます。

よく聞くクライアントの声やターゲットの悩みから引用することで、
視聴者に刺さる言葉が伝えられます。ターゲットコールによって、**視聴
者は「このライブは自分に向けた話だ」と自分のこととして考えるよう
になる**ため、より積極的にライブに参加してもらえます。

例としては、「今まで数多くの受講生やSNSマーケティングで結果を
残せない人を見てきましたが、自分の商品をどうアピールしたらいいの
かわからない、という悩みを抱えている人が多かったんですよね」とか、
「ノウハウ通りに進めているはずなのに、どうして集客につながらない
のか疑問に思いませんか？」と視聴者の悩みを具体的に言葉にしていき
ましょう。

**興味づけの段階でも一方的に話すのではなく、視聴者を巻き込むこと
を意識しましょう。**

視聴者に意見を求めてコメントをしてもらうためのテクニックとして
は、「実際皆さんも同じような悩みを抱えていませんか？　同じように

悩んでいるという人はコメントしてください」と促すことで、視聴者に
ライブへ参加してもらい、一体感を生み出すことができます。

④ 結論（本題）

　PREP 法を使った話し方を意識すると、順序立ててわかりやすく伝えることができます。 PREP とは、Point（結論）、Reason（理由）、Example（具体例）、そして最後に Point（結論）で締めくくる枠組みのことです。

　例えば、「インスタ集客はファン化が大切」ということを伝えたい場合、まずは「インスタ集客はファン化が大切なんです」と最初に結論を伝えます。次に、「なぜなら商品やサービスを買ってくれるのはほとんどがファンだからです」と理由を伝えることで、話に説得力を持たせます。
　そして、「例えば、どれだけいい商品であっても SNS ではその人自身に興味がなければ買いたいとは思わないですよね？」と具体例を伝えます。
　最後に「だからインスタ集客ではフォロワーを集めるのではなくファンを集めることが大切になります」と結論を再度伝えることで、言いたいことが明確になり、視聴者にも届きやすくなります。

　結論を話すときは、言い切る表現を意識してみてください。「多分こうだと思います」や「おそらくこうかもしれません」のような曖昧な表現だと、自信のなさが視聴者に伝わってしまいます。自信のない人から物を買いたいと思う人はいないので、言い切る表現を心掛けましょう。

　特にコンサルティングやコーチ系のビジネスをやっていこうと考えている人は、その教え方を視聴者に注意深く見られていることを意識して

おきましょう。

　受け答えの仕方でも、リアルタイムで話すというインスタライブの特徴を生かして、自分の魅力をアピールすることができます。

　例えば、視聴者が質問をしてきたときは、「問題の解決の糸口をどういう風に見つけて」「解決までどうやって持っていっているのか」という部分を見られています。僕の場合は質問に回答するときは1秒以内に即答しています。

　質問に対してどう答えようか悩んでいる様子を見せてしまうと、視聴者は不安な気持ちになるため、すぐに回答をすることで安心感を持ってもらえます。もしその回答が間違っているのであれば、あとできちんと訂正をすれば大丈夫です。

　また、ライブ配信では身振り手振りや表情といった、いわゆる**非言語コミュニケーション**、ノンバーバルコミュニケーションとよばれる部分も意識すると、**話が伝わりやすく、視聴者の理解が深まります。**

(⑤まとめ)

　商品やサービスの案内はライブ途中に1回、最後にもう1回繰り返しましょう。ライブのまとめの時点では、すでに視聴者が商品に興味を持ってくれている状態が理想のため、序盤できちんと導入と興味づけを行うことで最後の案内が活きてきます。

　案内のほかに最後に行うことで効果を発揮するのは、**質問回答**です。「そろそろライブを終わろうと思うんですけど、何か質問はありますか？」と聞くことで、視聴者が気になっている質問を募集できます。

　ただし、**ここでの質問には具体的に答えないということがポイント**です。あまり細かく答えすぎると視聴者はそこで満足してしまって、商品やサービスへの関心を無くしてしまうからです。そのため、あえて大枠で答えて、詳しく答えるのは別の媒体にするなど線引きをしましょう。

第6章

インスタライブから
YouTubeへ

さらにレベルを上げるための ライブのコツ4選

　ここでは、インスタライブをさらにレベルアップさせるためのコツを ご紹介します。そのコツとは、大きく次の4つに分けることができます。

レベルを上げるために実践したい4つのこと

① 黄金比はノウハウ3：質疑応答1

② 例え話を磨く

③ 価値観を語る

④ 「理由のあるライブ」を使い分ける

1つずつ見ていきましょう。

① 黄金比はノウハウ3：質疑応答1

　先にノウハウを3つ伝えることで視聴者に話の理解を深めてもらい、 それから質問を募集することで質疑応答の質が高まります。

　また、質疑応答のやり取りだけでは自分が誘導したい方向に話が進ま ず、ライブとしてのまとまりがなくなってしまいます。質問のレベルは 視聴者によって異なるため、簡単な質問に答えている間にほかの視聴者 の興味が離れることも考えられます。

　最後に質疑応答の時間を設けることで、それまでの時間を自分の伝え たいことを聞いてもらう時間にできます。

　ライブ配信で専門的なノウハウの話をしても、視聴者が理解するまでには時間がかかることがあります。そんなときに例え話を入れて説明できると、一気に解像度が上がります。

　例え話のクオリティとレパートリーは、人を惹きつける話をするためにも必須のスキルです。例え話というのは、基本的に具体化と抽象化によって成立します。

　僕はたまに「プロでもないのに誰かに教えていいんですか」という質問をもらいます。そのとき僕は、「少年野球のコーチをやっているお父さん」の例え話をします。少年野球の選手の多くはプロではない人に教えてもらっていますが、それでも上達しています。

　このように**自分の身近にある事例で、なおかつ親近感が湧くような例え話ができると、聞き手の理解を深めつつ、場の雰囲気を柔らかくすることができます。**視聴者がどういったワードに親近感を抱くのか考えて喋ることで、例え話のスキルを磨くことができます。

③ 価値観を語る

　自分の考え方や、日頃から意識している価値観をフォロワーと共有することは非常に大切です。僕の中で特に意識して話をしているのは、**ヒーローズジャーニー**です。

　ヒーローズジャーニーというのは、文字通りヒーローになるまでの過程のことです。人は、苦労してきた過程に惹きつけられるものなので、「借金が60万円もある大学生だった」という自分の過去を語りつつ、視聴者が現在置かれている立場にも共感を示します。

　そして、「僕が今の皆さんと違うのは、こういう努力をしてきたから

です」と、人と違うところを語り、**動かなくては何も始まらないという価値観を訴えます。**

　自分の紆余曲折と、たどってきた道筋や経験を具体的に言語化することで、視聴者に「自分もこの人と同じように成功することができる」というイメージを与えることができます。

（④ 「理由のあるライブ」を使い分ける）

　インスタライブに慣れてきたら、今度は「ライブの使い分け」ができるようになると、集客とファン化にメリハリをつけることができます。
ライブには「理由のあるライブ」と「理由のないライブ」の2種類があります。この2つの違いは「誘導をするか、しないか」です。

　例えば、「勉強会をやります」「このライブ限定でLINE登録者にプレゼントがあります」という誘導を目的としたライブを行うとします。
　こうした誘導目的のライブは集客のために必要なことではありますが、誘導目的の配信ばかりではフォロワーに敬遠されてしまいます。誘導目的のライブは月に1〜2回ぐらいにとどめておくのが得策です。

　以上4つのポイントを意識することで、自分のイメージするインスタライブに近づきます。

知名度も信頼度も上がる
コラボライブ

　インスタライブの重要性はわかっていても、いきなり1人でライブを
するのはハードルが高いと感じている人は多いのではないでしょうか。
1人で話すことが難しいならば、コラボライブをやってみましょう。

コラボライブで効率よく集客

　Instagram のアカウント運用初期は、1人でフォロワーや視聴回数を
伸ばしていくのは非常に時間がかかります。そこで、同業者や同じよう
な発信をしている人とコラボライブをすることで、積極的にアクティブ
な人の認知を取ることができます。

　**ライブを見にきてくれる人は、フォロワーの中でも特にアクティブな
層です。**コラボすることによって**コラボ相手をフォローしているアクテ
ィブユーザーの認知を取ることができるため、コラボライブは効率良く
集客できる方法**だといえます。
　運用初期に自分だけでは集められない視聴者をコラボ相手から少し譲
り分けてもらう、もしくはフォロワーを交換し合うとイメージするとわ
かりやすいでしょうか。

コラボライブをする時の注意点

　フォロワー数などが対等ではない、運用している歴が対等ではないと
なるとコラボ相手にメリットがないので、**同じぐらいのレベルのアカウ**

インスタライブからYouTubeへ

ントで、対等な条件でコラボを行うのがセオリーです。

　コラボ相手を探すのは困難だという方もいらっしゃるかもしれませんが、そこは頑張って、自分で動いてみる必要があります。普段から気になる人にあらかじめDMでコミュニケーションを取っておいたり、知っている人に頼んでみたりといった泥臭い活動も必要です。

　なお、**コラボライブは基本的に1対1**で実施することを徹底してください。3人、4人と大人数で行うと画面上は豪華な気がしますが、ライブの中で話す機会がない人が出てくるため、せっかくのコラボの意味がなくなってしまいます。

　コラボ相手が決まったら、事前に話す内容を打ち合わせしましょう。タイトル（主題）を決めてから、話すトピックを3つほど決めます。はじめてコラボを組む場合は、どちらがメインに話すのか決めておくと、本番ではスムーズにライブをすることができます。

　コラボライブではどちらが話を振っていくのか、どちらが視聴者のコメントを拾うのかなど、役割をきちんと決めておくことが大切です。
　コラボライブで最も避けたいパターンは、配信者2人だけで会話をしてしまうことです。インスタライブは視聴者も含めて盛り上げていかなくてはいけないので、配信者同士で話を完結させるのではなく、視聴者を置き去りにしないよう心掛けましょう。
　いいタイミングで視聴者にコメントしてもらってライブに参加してもらうことが理想的ですので、うまくライブが回るように事前に打ち合わせをしておきましょう。

1人で1時間ライブに挑戦しよう！

　コラボライブも経験し、インスタライブに慣れてきたら、最終的に目指したいのは1人での1時間ライブです。

　1時間というのは数字としてもキリがよく、**フォロワーに教育目的のライブをするためにも適した時間**です。貴重な時間を、自分のライブを見るために1時間も使ってくれるフォロワーは一気にファン化が進みます。

インスタライブのベストな長さは1時間

　人は同じ時間を共有した分、信頼が生まれるという話をこれまでにしました。そういった意味ではライブも長ければ長いほどいいと思いますが、人の集中力には限界があります。

　視聴者としても終わる時間が決まっていると集中力を保って見ることができるため、1時間はインスタライブの長さとしてはピッタリだといえます。

　まだ挑戦したことがない人は1時間も持たせられないと思ってしまうかもしれませんが、下記のような具体的な時間配分を考えておくことで、自分の話すべきことが明確になります。誘導目的ではないライブの場合は各トピックの時間を伸ばすなど、自分のやりやすい時間配分を考えてみましょう。

● 1時間ライブの構成例

　・導入…………………… 10分
　・トピック①　…………… 12分
　・トピック②　…………… 12分
　・誘導（ある場合）……… 5分
　・トピック③　…………… 12分
　・質問回答………………… 最後の5〜10分

1人で1時間話し続けるために必要なのは、知識と自信です。
　第5章でもお伝えしたように、はじめのうちは台本を用意して時間の過不足を確認しながら、まずは話してみることで自信をつけます。

　人によってそれぞれ話し方のペースがあると思うので、実際にライブで話してみて、話の量が多いのであれば切り上げるべきですし、足りていないようでしたらトピックを追加して話してみるなど調整が必要です。実際にライブをする中で感覚をつかむことが成長につながります。

YouTubeでさらなる集客を

　よく YouTube は「資産コンテンツ」といわれますが、有益な動画を量産していけば、時間が経過しても視聴者が増え続け収益を生み出してくれる資産となります。

　インスタライブで話すことに慣れてきたタイミングで、視聴者の属性が Instagram とは異なる YouTube を始めることで、さらにファンの増加が見込めます。

　YouTube では、インスタライブとは異なり台本力と編集力が要求されます。それぞれ詳しく見ていきましょう。

台本力

　YouTube の台本はインスタライブの台本とは大きく異なります。YouTube は、ライブなどをのぞいて、基本的にはリアルタイムで視聴者とコミュニケーションを取ることができません。淡々とノウハウを話すにとどまる人がいますが、**YouTube において大切なことは、「視聴者を置いていかない」**ということです。

　YouTube で視聴者を置き去りにしないために有効なテクニックは、コールドリーディングです。「こんな難しいこと、自分にはできないと思っていますよね？」「初心者だけど自分にもこれできるのかな、って思いましたよね？」と、話の途中で画面の向こうの視聴者に問いかけます。あるいは「3 秒だけ考えてみてください」と言い実際に動画の中で 3 秒

インスタライブからYouTubeへ

待つことで、視聴者に緊張感を持たせることもできます。

　YouTube でノウハウを話すときは、そのノウハウを使って自分と他者（購入者や受講生）がどう変わったのかという2つの実績を話しましょう。

　自分だけが成功したノウハウだったら、「それはアナタだからできたことでしょ」と言われてしまいます。しかし、**自分以外の人も成功しているという根拠があれば、「だからアナタもできますよね」と伝えることができます。**

　人はやらない理由を探してしまうため、自分と他人の両方が成功していると伝えることで、やらない理由を消していきましょう。

　例えば、「実際僕もこのノウハウを使って、3カ月で500人のフォロワーが増えました」と話してから、「このノウハウは誰でも結果が出せます。僕の講座の受講生であるビジネス未経験の主婦の方でも、フォロワー数が3カ月でこれくらい増えました」という2つの具体例を入れることで、2つの実績を示すことができます。

編集力

　YouTube の編集は、テロップとサムネイルが重要です。テロップは、フルテロップで入っているか、下の方に見やすい位置でバランスよく入っているか、サイズは適切かなど自分でポイントを決めてチェックしましょう。サムネイルも、ターゲットに刺さる言葉を選び、パッと目を引くデザインを心掛けましょう。どちらもはじめのうちは伸びているYouTuber の編集を参考にすることが一番の近道です。

　もう1つのポイントは、ジャンプカットという、継ぎ目なく「間」を

カットする編集方法です。**視聴者はわずかな「間」があるだけでも離れてしまいます**。常に動画に集中させるため、テンポよく映像が流れるように編集する必要があります。

　フリー素材を効果的に取り入れることも大切です。例えば、動画の中で「こんな悩みを抱えている人はいませんか？」と言っているとき、フリー素材で人が頭を抱えている画像を使うなど、**状況をわかりやすく示すフリー素材を使うと、視聴者の理解が進みます**。世界観に合ったBGM や効果音などでイメージ作りをすることも有効です。

インスタライブとYouTube の違い

　インスタライブと YouTube は別物として考えましょう。

　インスタライブは慣れてきたら台本がなくても成立しますが、You-Tube は毎回台本を作り込む必要があります。ライブは少しくらい噛んでも問題ありませんが、YouTube は滑舌よく、1 つ 1 つ丁寧に喋る必要があります。

　そのため、時間的コストはかかりますが、YouTube の資産性を考えると手間をかける甲斐はあります。

　YouTube はインスタライブよりも本腰を入れて取り組まなくてはなりませんが、成功したときの伸び方が比較になりません。SNS をビジネス目的で運用する場合は、はじめから YouTube を視野に入れたうえで取り組んでみることで、大きな成果につなげられます。

長時間視聴＆複数回再生で
コアなファンに

　YouTube は、自分が寝ているときでも仕事をしていないときでも、自分と自分の商品を営業してくれます。 1 本の動画しかアップしていないのであればあまり意味はありませんが、質の高い動画を 10 本以上アップしていれば、自分のコンテンツを回遊してもらえます。

YouTube 最大の魅力は集客力

　一度見始めたら次々と気になるコンテンツがおすすめに表示されるため、アップしている動画の数だけ見てもらうチャンスがあります。

　YouTube 最大の魅力は、**集客力がほかの SNS の比にならない**という点です。一度動画が大きく伸びたら、Instagram や Twitter とは桁違いの拡散力をみせます。

　また、同じ LINE 登録をするのでも、動画を最後まで見たうえでの LINE 登録なので、登録してもらった人の行動力も大きく異なります。**LINE 登録してもらった時点で自分に興味を持っている人しか集まってこないため、**より集客に力を入れたいと考えたときは、YouTube の運用を検討してみてください。

　Instagram はユーザーとの距離が近く、親しみやすいことがメリットですが、YouTube の場合は、**先生と生徒というポジションを確立しやすい**ことが大きなメリットだといえます。

　動画を見ている段階で「私が皆さんに教えます」という先生のポジションが確立されているので、教育もスムーズに行うことができます。は

じめから「商品を買いたい」という状態で見にきてくれる人も多いため、「集客」、「教育」、「販売」、全てがスムーズに運ぶことが多いのです。

　また、視聴者はあらかじめ自分の悩みを理解したうえで動画を見ています。自分の中で明確な悩みがあるからこそ、動画を見にくるのです。**悩みを解決しようと思って見ている時点で Instagram とは視聴者の姿勢が違うので、「ファン化」がより早く進みます。**
　Instagram にしろ YouTube にしろ、フォロワーをファンに変えていくために一番大事なことは視聴者との共有時間の長さです。1 日の中でその人のコンテンツに対して時間を使えば、当然のことながら視聴者は熱狂的なファンに変わっていきます。

　インスタライブでも YouTube でも、いかに視聴者と時間を共有できるかを意識してコンテンツ作りをするようにしましょう。

　YouTube で発信するとなると、知識だけではなく実績も伴っていないと再生回数を伸ばすことはできません。
　まずは Instagram で相当な実績や知識をつけてから、挑むほうがいいでしょう。

　Instagram の場合、学ぼうと思って視聴するのではなく、親しみやすさなどを求めて見ることが多い媒体です。
　ファンではあるけれど、「その人から学びたい」と思うかどうかはまた別の話となります。Instagram と YouTube では、そもそもの視聴者層が違うということを覚えておきましょう。

第7章

少しの工夫が
継続購入につながる

集客を加速させるための
２つのコツ

　ここでは、Instagram の集客を加速させるための 2 つのコツをご紹介します。ポイントはいたってシンプルで、「お客様からの声を集めること」と「DM やコメントを丁寧にお返事すること」です。

Instagram集客は「お客様からの声」ゲーム

　第 1 章でもお伝えしましたが、Instagram での集客は、いかにお客様の声（口コミ）を集めるかがポイントです。どのようにお客様からの声を集めるかというと、僕の場合は、**質問に対して回答している様子をストーリーズに載せるようにしています。**
「質問をいただいたのですが、こんな風にお答えしたらとても喜んでもらえました」と書いてストーリーズに載せると、コメントなどでたくさんの反応をもらうことができます。
　その様子を見たユーザーは「質問したらこのように返ってくるのか」ということがわかるので、**質問することへのハードルが下がる**のです。
　質問のやり取りの過程を見せることで、**直接的な募集をしなくても質問が集まってきます。** これにより長期的にお客様からの声を集め続けることができます。

　質問と回答のやり取りを投稿するときに、無許可で掲載する人もいますが、許可を取ることで丁寧な印象を与えることができるため、確認のためにも掲載可否の許可は取りましょう。

ほかにも、**インスタライブを活用してお客様の声を集めることもでき
ます**。ライブの終盤に、「ストーリーズで今日の感想をメンションして
ライブのスクリーンショットを載せてくれたら、僕のストーリーズで紹
介（リポスト）します」と話します。

　ストーリーズで紹介することで視聴者自身の認知度アップにもつなが
るなど、視聴者へのメリットを具体的に提示すると口コミが集まりやす
くなります。

　フォロワーは、ストーリーズをリポストしてもらえることを喜んでく
れます。積極的に交流することでさらにファン化が進み、フォロワーと
一緒にアカウントを成長させることができます。

DMやコメントこそ丁寧に

　Instagram では、投稿だけで満足せず、毎日コツコツとフォロワーと
コミュニケーションを取ることが求められます。

　ストーリーズでアクションしてくれた人へお礼の DM を送るといった
きめ細やかな対応や、フォローする人を決めて、その人たちと仲良くな
ろうとするようなアクションをとることも大切です。

　仮に 1 日 30 件と決めてフォローをしたのであれば、そのフォローし
たアカウントにコメントや DM を送るなど、丁寧なやり取りをします。
**「素敵な投稿がたくさんありましたので、フォローさせていただきまし
た。よろしくお願いいたします。」のように DM を送れば、悪い気はし
ないはずです**。手間も時間もかかりますが、一人一人と親密度を上げる
ためにはこういった気づかいが大切です。

　こうした姿勢がフォロワーの満足度や認知拡大につながりやすいので、
投稿だけで認知されようと思わず、積極的にほかのユーザーやフォロ
ワーと交流をしましょう。

少しの工夫が継続購入につながる

公式LINEでプレゼントする

　第4章で、プロフィールにLINE公式アカウント登録画面などのリンクを貼るようにしましょう、とお話ししました。

　ユーザーに登録をしてもらうための後押しとして、登録者限定のプレゼントを用意することが効果的です。プレゼントを渡す場所がInstagram内やホームページではなくLINEであるのは、LINEというSNSの特徴が関係しています。

LINEでプレゼントをする理由

　LINEはあくまで1対1でやり取りをするためのSNSです。セミナーなどに誘導したいときは、ブロックされていなければ確実にメッセージを届けることができます。

　告知ならばInstagramやホームページでもいいのでは？と思うかもしれませんが、人は忙しいとInstagramもホームページも見ないため、届けたい情報が伝わらないケースも出てきます。

　しかしLINEであれば、多くの人が忙しくても1日1回は目を通します。何より、**ほかの人の情報が混ざっていない状態で、直接フォロワーに告知が届くため、こちらが送ったメッセージを見てもらえる確率が大幅に上がる**のです。

　Instagramはストーリーズの再生が終わったら、すぐに別の人のストーリーズが再生されます。リールも同じく次々とさまざまな人の投稿が流れてくるため、誰が、いつ、どのような発信をしていたか覚えてお

くことは難しいと思います。

　その上、多くの人はお気に入りの人の投稿を1日に1人か2人見る程度で、1日に10人も20人も投稿をチェックすることは少ないでしょう。

　そういった意味で、Instagram は告知などのメッセージを届ける手段としては非効率なため、確実にメッセージを届けられる LINE がおすすめです。

　LINE の役割はファン化、集客、教育、販売、リピートの流れでいうと、教育を担ってくれる SNS です。イメージとしては、**LINE をツールとして使用するのではなく、「教育のコンテンツはここでみることができますよ」**というお知らせのために使います。

プレゼントの決め方と提供の仕方

　LINE 登録にメリットを与えるためには登録者限定のプレゼントが効果的です。プレゼントを決めるときの考え方をご紹介します。

　まずは、競合のライバルがどんなプレゼントを出しているのかリサーチします。ほかの人がどんなプレゼントを配っているのか実際に登録してみることで、自分だったらどういうものを作るか参考にすることができます。

　同じジャンルに50ページ分くらいの PDF 資料を作っている人が多いようであれば、それには何か理由があるはずです。自分も同じくらいのボリュームにしてみるなどして、周りを参考にしながら自分の基準を作っていきましょう。

　プレゼントにおいて僕が最も意識していることは、「どんなノウハウが学べるのか」「その資料を使うことのメリット」「なぜそれを今やらな

くてはいけないのか」という 3 点です。

　ゼロからなにかを生み出そうとするよりも、既存の概念やアイデアを組み替えて自分の持ち味を発揮することを意識しましょう。プレゼントも同じです。知識がある人でもゼロから作るとなると時間がかかるものです。

　ライバルのプレゼントを受け取ってみることで、LINE の登録からプレゼント提供までどのような流れを作っているのか導線設計を勉強することができます。

　また、どのようなプレゼントがもらえるのか経験してみることで、フォロワーの気持ちを理解することにもつながります。ライバルとはいえ、いいところがあればどんどん吸収して、自分のビジネスを成長させましょう。

集客で困ったときの チェックポイント4選

SNSマーケティングを進めていくうちに、必ずといっていいほど集客に困る場面に直面します。そんなときにチェックすべきポイントを4つご紹介します。

① 認知拡大ができているか
② 統一感が感じられるか
③ 商品の宣伝だけになっていないか
④ プロフィールが見やすいか

① 認知拡大ができているか

認知＝集客のことです。第1章でも大阪旅行を例にお話ししましたが、**存在を知られていなければ選択肢にさえ入らないため、まずはお客様の認知を得なくてはいけません。**

運用当初のころは、当然フォロワーが0人の状態からスタートします。そこから10人前後に増えたとしても、自分の存在を知られていないのでフォローすらされないという状況が続きます。

毎日投稿をするといった前提に加えて、自分から認知を広げるためのアクションを起こす必要があります。ストーリーズを見てくれた人にお礼のDMを送るなど、自分を知ってもらうための活動をしていきましょう。**いくらファン化がうまくても、自分の存在を知ってもらわないことには集客はできません。**0から1を作ろうとする行動がきちんとできていないと、認知が少ないままなので集客にはつながりません。

少しの工夫が継続購入につながる

認知拡大のためには、インサイトでのデータ分析も必要です。難しく考える必要はなく、自分の以前の投稿と今の投稿を比較して、インサイトがどれだけ変わってきているか確認しましょう。1つの投稿でどれだけ認知が取れているかという分析よりも、アカウント全体の数字を伸ばしたうえで認知を取ることができているのかを確認することが大切です。

今だけの数字をチェックするのではなくて、今までの投稿も含めて数字をチェックすることが大事になります。過去と今を比べて、数字が伸びているのかみていきましょう。

僕の場合は、長期的な目線で見たときに「3カ月前と今を比べたら今のほうが確実に認知が取れているから、このやり方で進んでいけば、さらに3カ月先は今より認知が取れているはず」という考え方で数字を捉えています。

② 統一感が感じられるか

アカウントを成長させるためには世界観の統一が大切であることは既に述べた通りですが、まず**意識すべきは写真の中に入れる色味**です。写真の中に入れる色味とは、「青空」「白色の服」「自然の豊かな緑」などです。場所やポーズは毎回違っても構いませんが、色味をそろえることで統一感が出てきます。

写真の色味を意識したら、後はデザインでカバーします。**デザインで使う色味は多くても2色で、文字で使う白色もしくは黒色と、もう1つは自分を代表する色味です。**

自分の扱うコンテンツによってどの色を使うか決め、一度決めた後はその色を中心に使っていきましょう。色を何種類も使うと、かえってつたないデザインに見えてしまいます。

投稿などに関しては、SNSの運用を続けていく中で**発信内容が本来の**
ターゲットから外れてしまうことがあります。誰のために発信をするの
か、自分は誰のための専門家なのか、どういった悩みをリサーチするの
か見直すことで、一貫性のある投稿を続けることができます。

　また、投稿の中では**語尾を統一**することを意識してください。例えば、
文末を「重要」と言って終わるのか、「重要です」と言って終わるのか
決めておくということです。毎回「です、ます」で終わるならば、その
スタイルを変えずに続けるべきでしょう。**語尾の統一ができていないと、**
ユーザーは一貫性や統一感が感じられないことを見抜いてしまいます。

　感嘆符（！）は文章にメリハリがつくため適度に使っていくことは有
効ですが、長音（例：ありがとうございますー）は幼く見えることがあ
ります。柔らかい雰囲気を伝えたい場合であっても、頻繁に使用するこ
とは避けましょう。

③商品の宣伝だけになっていないか

　ビジネスである以上、商品やサービスを売ることは当然大切なのです
が、**SNSにおいては商品の宣伝ばかりを繰り返しているとファンは離れ**
ていきます。

　そのため、僕はInstagramで商品を売ろうとは考えず、**フォロワーの**
悩みを解決したり、有益な情報を発信したりして信頼を得ることを心掛
けています。

　商品宣伝には、前述の通りLINEを使いましょう。Instagramでは「そ
の商品を買いたい」という層を集めるよりも、「勉強会を受けたい」「ほ
かのノウハウも知りたい」という購入の手前に位置する欲求を刺激する
ようにしています。

7

少しの工夫が継続購入につながる

聞いたことがあるかもしれませんが、ビジネスの世界では顧客を潜在層と顕在層に分類することができます。潜在層とは、自社の商品のジャンルに対して興味や関心があっても、具体的な商品についての知識が少なく、自社の商品も認知していない人を指します。顕在層とは、潜在層よりも商品ジャンルへの興味や関心が高く、購入を考えている段階の人を指します。

基本的に、Instagram を見ている人は潜在層しかいません。 自分の悩みが漠然としている人や、これからどうなりたいかわからないという人もいるため、伝わりやすさやわかりやすさを重視した発信をすると、多くの人に届けることができます。

フォロワーを増やす方法や、フォロワーが少なくても商品を売る方法など、タイトルで伝えたいことがわかる内容にして、より具体的な内容はセミナーで紹介するなど、**発信する内容とターゲットを明確に区別することで、自分の目的に沿った集客ができます。**

顕在層に位置する人はすでにセミナーに参加していたり、商品を購入したりしています。顕在層は自分の悩みを明確に理解しているため、ノウハウよりも商品の魅力を伝えると購入につながりやすくなります。

④ プロフィールが見やすいか

プロフィールに関しては第4章でお伝えした通り、①何の専門家なのかわかること、②実績を示すこと、③再現性が伝わることの3つのポイントを押さえているかがカギとなります。この3つのポイントから逸脱している人は、集客できるアカウント作りができていません。

プロフィールを誰に見てほしいのか、誰のどの悩みを解決するための発信なのか、自分はその発信分野においてどれくらい実績があって、お

客様はどれくらい結果が出ているのかということが、きちんと書かれているでしょうか?

　上記4つのポイントは、自分が決めた運用の方向性から外れていないか確認するためのものでもあります。

**　SNS運用を続けていくうちに、目の前のことに集中するあまり、方向性が逸れてしまうことはよくあります。**

　さまざまな人の発信を目にすることで、インフルエンサーの影響を受けて自分の持ち味を見失ってしまったり、フォロワー数を伸ばすことに躍起になったりしてしまうこともあります。

　集客で伸び悩んだときは、一度自分のスタート地点に立ち返ってみるといいでしょう。

Instagram集客で 絶対にやってはいけないこと

　Instagram 集客では「やらなくてはいけないこと」のほかに、「絶対にやってはいけないこと」もあります。次の「絶対にやってはいけない7つのポイント」が自分に当てはまっていないか、確認していきましょう。

絶対にやってはいけない7つのポイント

　①アクションのしすぎ
　②ビジネス感の出しすぎ
　③情報を受け取るだけになっている
　④発信内容が統一されていない
　⑤交流しない
　⑥他人に嫉妬している
　⑦自分を盛りすぎている

① アクションのしすぎ

　Instagram のアカウントを成長させようとして、短時間で大量に DM を送ったりフォローをしたりするのは控えましょう。**短時間でアクションをしすぎると迷惑アカウントとみなされて、運営側からアクションブロックされることがあります。**

　アクションブロックとは、ほかの人の投稿の閲覧しかできなくなってしまう機能制限のことです。フィードやストーリーズなどの投稿、いい

ね、コメント、フォローなどが一定期間使えなくなります。

　最悪の場合はアカウント停止になることもありますので、短時間に大量の DM やいいねを送るようなことはせず、**1 日 3 ～ 4 回に分けて丁寧にアクションするようにしてください。**

　Instagram でのアクションは、量よりも質を重視することでアカウントを成長させることができます。自分からフォローとコメントを繰り返すことで確かにフォロワーは増えていきますが、**本当に増やしたいのはフォロワーなのかファンなのか、今一度確認してみましょう。**

② ビジネス感の出しすぎ

　ビジネス感が前面に出てしまうと、いつまでたってもフォロワーから信頼を得られません。自分の発信内容が、客観的にどのように見られているかを意識してみるといいでしょう。

　「パソコン 1 台で月収 100 万円」のように、いかにも怪しいタイトルで発信している人は、今すぐやめましょう。集客につながらないだけでなく、怪しいアカウントとして敬遠されてしまいます。

　また、アカウントの運用を始めるにあたって、「こういうアカウントにしたい」というロールモデルを最初に決めますが、**お手本にするアカウントが間違っていたり、どういったターゲットに向けてどういった内容の発信をしているのか分析が足りていなかったりすると、ファン化がうまくいかずビジネス感が出てしまうこともあります。**

③ 情報を受け取るだけになっている

　常に自分の都合を優先させ、多くの利益を受け取ろうとする人をテイカーといいます。例えば、質問の募集もしていないのにいきなり DM で「フォロワーを増やすコツを教えてください」などと送ってくる人がい

7

少しの工夫が継続購入につながる

167

ますが、これは典型的なテイカーです。自分の都合を優先して、情報を受け取るだけにならないよう注意が必要です。

　SNSには常に情報があふれているため、気がついたらテイカーになってしまう人がいます。実績のない人や真剣にSNSビジネスに取り組んでいない人ほどテイカーになってしまいますが、そうした行動は周囲の人に不信感を与えてしまいます。

④ 発信内容が統一されていない

　発信内容を統一するべきだということは、これまでにもお伝えしてきました。発信内容に関しては、**はじめのうちは、狭く深く専門的な内容を発信していくことを意識しましょう。**実績がないうちは、ニッチな内容の方が特定のユーザーに刺さります。

　始めて間もないうちに広く伝わる内容を届けようとしても、ほかの知名度がある人も同じ発信をしていたり、**まだ自分の中での解像度も低く抽象的になったりしてしまうため、誰にも届けることはできません。**広く発信するのは、実績が出てきてからでも遅くはありません。

⑤ 交流しない

　TwitterやYouTubeでは1人で黙々と発信を続けても構いませんが、Instagramは人とつながるSNSです。**交流を大切にすることで自分自身に付加価値がつき、自分を魅力的に思ってもらえる機会が増えます。**発信だけ続けていても自分の魅力には気づいてもらえないため、常に人と交流することを意識しましょう。

　前提として、**どれだけ有益なビジネスだったとしても、人柄が好かれなければ商品の購入につながることはありません。**特に最初のうちは、

ビジネスを先行させるのではなく相手との仲を深めることを意識しましょう。

⑥ 他人に嫉妬している

　SNSを始めたばかりのころは、うまくいっている人への嫉妬心が湧いてくることもあると思います。

　無駄な時間だとわかっていても人に嫉妬をしてしまうものですが、その感情をほかのエネルギーに変換することで強烈な原動力にできます。「あの人を絶対に追い抜いてやる！」と行動力や分析力に変えたりすることで、嫉妬心に振り回されることなく、成長のきっかけにできます。

　自分と他人を比べてしまうのは仕方がないことですが、比べたときに、その人と自分の何が違うのかを分析する力を持ちましょう。「この人にできて私にできないのはなぜだろう」と冷静に分析すれば、確実に力がついてくるでしょう。

⑦ 自分を盛りすぎている

　SNSだからといってキャラクターを作り込もうとする人は多いですが、絶対にどこかでボロが出ます。**長く続けていくためにも、飾らない自分を好きになってもらうことが大切です。**

　SNSでの発信を見ていると、どうしてもカリスマ性のある人が目立ちますが、**自分を最大限出した結果どう評価されるかがSNSマーケティングの醍醐味でもあります。**まずは自分の今持っている武器で勝負してみましょう。

　以上7つの「絶対やってはいけないこと」を意識するだけでも、Instagramの運用は成功に近づきます。

少しの工夫が継続購入につながる

SNSは本気の人の集まり

　あくまで例え話ですが、もし目の前で自分の大切な人が倒れてしまったら、全ての仕事を中止してでも病院に連れていくのではないでしょうか？　仕事を終わらせてから救急車を呼ぶことはしないはずです。それは、最優先事項として「大切な人を助けたい」という思いがあるからです。

　同じように、Instagramの運用を始めたものの、「モチベーションが上がらない」という理由で本気で取り組まない人もいますが、これは人生においてビジネスに対する優先順位が高くないことが原因です。

　「はじめに」でもお伝えしましたが、モチベーションという言葉が出てしまう時点で本気ではないということです。本気でやりたいことであれば、「1日何時間やるべきですか？」といったような質問も出てこないはずです。

　これまで多くの受講生を見てきましたが、結果が出ている人は並々ならぬ努力を重ねてきています。**SNSは非常にライバルの多いフィールドではありますが、結果を残している人は本気で取り組んでいる人しかいません。少しでも気を抜いたりすればすぐに抜かされてしまいます。**
　結果を残している人は時間もお金もかけているからこそ、参考にでき

る部分は積極的に取り入れるべきなのです。

目標を叶えるためには具体的に数字を出すこと

SNS ビジネスを成功させるためには、優先順位のほかに最終目標と中間目標の設定、その目標を叶えるための行動基準が深く関わってきます。

例えば、**漠然と「月に 100 万円売り上げたい」と言っているだけの人は、その目標を達成することはできません**。月に 100 万円売り上げるという目標に対して、行動基準となる具体的な数字が全く見えていないからです。

仮に LINE 登録者 1 人につき 1 万円の商品を売るとすると、1 カ月に 100 人登録者を集めなくてはならないのです。1 カ月に 100 人ということは、1 週間当たりで 25 人登録してもらう必要があり、そのためには、1 日平均で 3 〜 4 人集めなくてはなりません。

もし 1 日に 1 人しか集められていないのであれば、不足分をどうやって補うか考える必要があります。LINE の登録訴求をするタイミングを増やしてみようとか、インスタライブやリールで認知やリーチ数を伸ばしてみよう、などと対策を練るのです。

中間目標から逆算して、1 カ月間にどれくらいリーチを取ればいいのか、リーチを取るためには 1 日に何回リールを投稿して、どのような投稿をすればいいのか、といったようにやるべきことを細分化していくのです。

漠然と最終目標を言っているだけでは目標の達成は難しいので、自分の取るべき行動を具体的に細分化することでようやくその兆しが見えてくるのです。

自分の目標が明確であればやるべきことは決まっているので、モチベーションが低くても、後はひたむきに取り組むだけです。

　ビジネスにおいて目標が決まっていないということは、距離を告げられずマラソンをするようなもので、いつまで走ればいいのかわからないため自分のペースをつかめません。

　10km 走ればいいとわかっていれば、どのタイミングで水を飲むのか、どこでスパートをかけるかなどと、ペース配分を考えて動くことができるはずです。

これからのSNSはますますニーズが広がる

　SNS は今後、1つの核になります。Instagram に限らず、今 SNS をメインに使っている世代が社会に出ていくことで SNS 人口はさらに増加し、ますますニーズが広がっていくでしょう。

　SNS をメインにビジネスをやっていない人でも、これからやってみようと考えている人でも、今から始めておくことでこの先大きな財産とすることができるのではないでしょうか。

　知ろうとすること、時代の流れについていこうとすることで、今まで見えなかった景色が見えるようになるかもしれません。

　ここまで本書をお読みいただき、**SNS マーケティングは手軽に始められるものの、簡単ではない**ことが伝わったのではないでしょうか。インサイトの分析、投稿タイトルの決め方、リサーチの方法やコミュニケーションの取り方など、真剣に取り組むほど一筋縄ではいかないことがわかります。

　SNS マーケティングを真剣に取り組んでみたいけど、失敗したときのリスクが怖くて一歩踏み出せない人もいることでしょう。僕が思うに、

SNSはあくまでツールであり、自分の意見を人に伝えるための手段なので、SNSだけに留まる考え方はないと思っています。本書でご紹介した内容は、考え方次第で実生活やほかのビジネスにも活かすことができます。

　挑戦してみた結果、思うようにいかなくてつまずくこともあるかもしれません。ただ、挑戦しなければいつまで経っても自分の立ち位置は変わらず、憶測でしか物事を語れない人間となります。**失敗も成功も含めて糧とすることで、自分の言葉に説得力を持たせることができるのです。**

　SNSマーケティングを真剣に取り組むことは、自分を根底から見つめなおすきっかけとなるでしょう。

2023年4月　金山拓夢

金山拓夢
（かなやま・たくむ）

株式会社TAKUMU代表取締役
TKアトラクティング株式会社代表取締役

2000年大阪市生まれ。
神戸大学在学中に、サラリーマンの父親が鬱になり退職。両親共に苦しんでいる姿
を見て「在学中にサラリーマンの平均年収を余裕で稼ぎ親を助ける」と決め、在学
中の2021年1月に独立し、Web制作事業、SNS集客コンサルティング事業を開始。
事業開始半年間で2000万円のマネタイズに成功し、年商2億円を達成。
未だかつてないインスタグラム運用におけるライブ配信テクニックとトーク力を活
かしたSNS運用は話題を呼び、個人起業家を対象に「ライブで売らずして売れる」
を中心に置いた独自のライブローンチ集客を実践。
「好きを仕事にする事業者を増やす」というビジネスコンセプトを元に、わずか1
年で講演会や勉強会には1300人以上が参加し、自身が運営するSNSマーケティン
グスクール（SMA）の会員は350人にものぼる。

HP：https://www.takumu-inc.com

ファンが増える
インスタの教科書

2023 年 4 月 18 日　　初版発行

著　者　金山拓夢
発行者　野村直克
発行所　総合法令出版株式会社
　　　　〒 103-0001 東京都中央区日本橋小伝馬町 15-18
　　　　　　　EDGE 小伝馬町ビル 9 階
　　　　　　　電話　03-5623-5121
印刷・製本　中央精版印刷株式会社

総合法令出版ホームページ　http://www.horei.com/